好书精读
Master
15'

商业新闻出版公司和轻松读文化事业有限公司提供内容支持

员工才是好股东

轻松读大师项目部　编

中国盲文出版社

图书在版编目（CIP）数据

员工才是好股东（大字版）/ 轻松读大师项目部编. —北京：中国盲文出版社，2017.5

ISBN 978-7-5002-7848-1

Ⅰ. ①员… Ⅱ. ①轻… Ⅲ. ①职工股份制—企业管理—研究 Ⅳ. ① F272

中国版本图书馆 CIP 数据核字（2017）第 084626 号

本书由轻松读文化事业有限公司授权出版

员工才是好股东

编　　者：轻松读大师项目部
出版发行：中国盲文出版社
社　　址：北京市西城区太平街甲 6 号
邮政编码：100050
印　　刷：北京汇林印务有限公司
经　　销：新华书店
开　　本：787 × 1092　1/16
字　　数：68 千字
印　　张：11.25
版　　次：2017 年 5 月第 1 版　2017 年 5 月第 1 次印刷
书　　号：ISBN 978-7-5002-7848-1/F · 151
定　　价：39.00 元
销售热线：（010）83190289　83190292　83190297

出版前言

数字文明为我们求知问道、拓展格局带来空前便利，同时也使我们深受信息过剩、知识爆炸的困扰。面对海量信息，闭目塞听、望洋兴叹固非良策，不分主次、照单全收更无可能。时代快速变化，竞争不断升级，要想克服本领恐慌，防止无知而盲、少知而迷，需尽可能将主流社会的最新智力成果内化于心、外化于行，如此才能更好地顺应时代，提高成功概率。为使读者精准快速地把握分散在万千书卷中的新理念、新策略、新创意、新方法，我们组织编写了这套《好书精读丛书》。

这套书旨在帮助读者提高阅读质量和效率。我们依托海内外相关知识服务机构十多年的持续积累，博观约取，从经济管理、创业创新、投资理财、营销创意、人际沟通、名企分析等方面选取数百种与时俱进又经世致用的好书分类整合，凝练出版。它们或传播现代经管新知，或讲授实用营销技巧，或聚焦创新创业，或分析成功者要素组合，真知云集，灼见荟萃。期待这些凝聚着当代经济社会管理创新创意亮点的好书，能为提升您的学识见解和能力建设提供优质有效便捷的阅读资源。

聚焦对最新知识的深度加工和闪光点提炼是这套书的突出特点。每本书集中解读 4 种主题相关的代表性好书，以“要点整理”“5 分钟摘要”“主题看板”“关键词解读”“轻松读大师”等栏目精炼呈现各书核心观点，崇真尚实，化繁为简，您可利用各种碎片化时间在赏心悦目中取其精髓。常读常新，明辨笃行，您一定会悟得更深更透，做得更好更快。

好书不厌百回读，熟读深思子自知。作为精准知识服务的一次尝试，我们期待能帮您开启高效率的阅读。让我们一起成长和超越！

目 录

员工持股模式 ······························ 1

我们把员工持股称为权益模式，来自“equity”这个词的两个含义：一是员工即公司的股东，也就是股权所有人；二是员工是在公平的环境里工作，不论担任什么职务，对公司的贡献都受到重视，而且人人都能得到报酬。

透明化领导 ………………………………… 45

不管我们认为自己面对批评时有多谦逊，其实本质上都不喜欢听到批评。人们都不希望犯错，不愿意被迫改变，因此听到与自我认知相违的事情时，会自然产生抗拒。当对方也觉得有义务说出实情时，你自己承受得了吗？

宝洁的成功之道 …………………………… 85

创新就是将新构想转化为营收与获利。真正的创新可以改变企业的经营环境，如市场空间、竞争空间和社会空间。扭转局势的领导人会寻找并执行能让公司迈向长久繁荣的构想。“不创新就被淘汰”正是商场的游戏规则。

未来需要的 6 大人资力 ………………………… 133

组织能力代表组织的名声、组织擅长的事项以及组织如何规划活动以提供价值。我们欣赏组织是因为它们的能力，而不是因为它们的效率、架构或制度。

员工持股模式

Equity

Why Employee Ownership Is
Good for Business

原著作者简介

科瑞·罗森（Corey Rosen），美国非营利咨询机构全国员工持股研究中心的共同创办人及执行董事。毕业于美国康奈尔大学，是公认的员工持股领域专家。曾教授政治学并担任美国参议员的专业顾问。

约翰·凯斯（John Case），专业作家兼*Inc.*杂志的特约编辑。最先提出财务信息公开管理概念，已出版著作5部，曾在商业媒体上发表多篇文章。

马丁·斯陶巴斯（Martin Staubus），美国加州大学圣地亚哥分校贝斯特研究中心主任。毕业于美国乔治华盛顿大学，在员工持股方案领域有20多年经验。曾任美国劳工部长的政策分析师及加州劳工关系委员会的法律顾问。

本文编译：李芳龄

主要内容

5分钟摘要　员工持股的要素 / 5

轻松读大师

一　员工持股提升绩效 / 7

二　员工持股的规模 / 12

三　员工持股的企业文化 / 21

四　员工持股的作业规范 / 28

五　转变成员工持股模式 / 33

5分钟摘要

员工持股的要素

尽管美国目前已经有数千家公司由员工全部或部分持股，但还是有许多公司不了解员工持股方案可以带来的竞争优势，如更快速的成长、更高的获利以及在经济不景气时有更强的恢复能力等。

当然，建立员工持股公司，并不是让员工认购公司股票后就能过上幸福快乐的日子。员工持股这个概念要真正发挥作用，员工就必须把自己当成企业主，并且创造与之相适应的工作环境；组织文化也必须随之变革；员工还必须学习怎么用不同于以往的方式来经营企业。简而言之，员工持股公司必须具备以下 3 项要素，否则员工持股不会带来实质效益。

◎规模——员工所持股份必须足以影响其个人财务状况。

◎文化——员工必须从企业主的角度思考并行动。

◎认知——员工必须了解商业规范并尽到自己的责任。

员工持股不只是人力资源的福利政策之一，它还具有让表现平平的公司实现全面转型的潜在功效。如果结合员工持股和参与式管理，企业就可能保持高速成长。许多有影响力的公司都实施员工持股方案，这或许并非巧合。

一　员工持股提升绩效

员工持股方案在企业界仍然是少数现象——即使每个行业几乎都已经接受了，但仍有很多企业把员工持股看成怪事。

毋庸置疑，有很多成功企业把员工持股模式当成整体事业的基础。这个事实足以让我们好好思考员工持股这个概念。从许多方面来看，员工持有企业股份可以帮助企业提振运营绩效。

让我们来看看以下有关员工持股的事实：

（1）在美国，目前已经有大约 1.1 万家企业实施了员工持股方案，涵盖大约 880 万名劳工，占私人企业总就业人数的 6% 左右。另外还有 2200 家公司让 1100 万名员工参加了 401（k）退休金计划，这项计划的主要投资标的是自己公司的股票。还有 4000 家公司给大约 1000 万名员工提供了认股权计划。其他 4000 家公司也给 1570 万名员工提出了以优惠价格购买公司股票的计划。在美国总计有大约 39% 的员工持有公司股权，另有 17% 的员工拥有公司认股权。

（2）在许多国家也有类似的模式。英国、西班牙及意大利早就存在拥有公司股权的员工合作社，而澳大利亚、埃及、牙买加、肯尼亚和南非等国家也已经在试验员工持股方案。

（3）在波兰、俄罗斯、斯洛文尼亚和匈牙利等许多新兴市场经济体中，国有企业民营化最喜欢采用的方法，就是让员工认购公司股份。

（4）《财富》杂志评选出的 100 家最佳雇主中，约有 80% 的公司实施了某种广泛意义的员工持股方案。

（5）在《企业》杂志列出的 500 家成长最快的私人企业中，约有 1/3 同样采用了员工持股方案。

美国罗格斯大学的约瑟夫·布拉西教授和道格拉斯·克鲁兹教授进行了一项为期30年的研究，他们发现员工持股方案确实有利于提高企业的运营绩效。他们得出以下结论：

（1）采用员工持股方案的公司，运营绩效会提高4%～5%，而且在未来还有增长潜力。

（2）员工持股公司的运营比较稳定，在经营状况不佳的时候也不会轻易裁员。

（3）员工持股可以促成快速的就业增长，公司也有更高的几率存活下去。

（4）对105家广泛实施员工认股权（75%以上的员工认股）的上市公司进行分析后发现，这些公司在实施员工认股权后的3年间，生产效率平均提高了17%。

尽管如此，企业界仍然普遍存在以下疑虑：

（1）只要有像美国联合航空公司这样的知名企业倒闭，商业媒体就会拿它当例子，证明员工持股模式是危险而且容易失败的做法。事实上，从来没有人说过员工持股方案是解决企业所有问题的万灵丹。

（2）有些人认为，员工持股模式之所以能够存在，是因为企业可以因此获得税赋减免或其他比较有利的政策优惠。事实上，尽管会计规则和相关法规不断修改，实施员工持股方案的公司仍然持续增加。

（3）美国安然事件案发时，有评论家主张，员工持股方案会危害退休保障。这种说法见仁见智，但是现在大多数员工持股方案不会只投资母公司的股票，而是会分散投资。不过从另一方面来看，蓝领劳工因为参加了员工持股计划，在退休时领到 70 万 ~ 80 万美元的情形也相当普遍，这令人印象深刻。显然，员工持股方案不表示公司完全不会有财务风险，也没有任何员工持股方案会这样宣称。

（4）许多员工持股方案不仅没有让员工感到兴奋，而且提振运营的效果也有限。这对企业的经理人而言，可以说是错失了创造持久竞争优势的大好机会。事实上，只要正确地实施员工持股方案并且对员工进行充分训练，公司是有可能大幅提高生产效率的。

关键思维

当今的许多龙头企业包括英特尔，如果当年没有提供员工认股权的话，可能根本就无法起步，更别提今日的腾飞了。

——克雷格·巴瑞特

我们把员工持股称为权益模式，来自“equity”这个词的两个含义：一是员工即公司的股东，也就是股权所有人；二是员工是在公平的环境里工作，不论担任什么职务，对公司的贡献都受到重视，而且人人都能得到报酬。

——罗森、凯斯、斯陶巴斯

二　员工持股的规模

每个员工拥有多少公司股票其实并不重要，重要的是要让他感觉自己拥有重要资产。

除非觉得自己拥有的股权攸关自己的财务保障，否则员工不会真正从老板的角度去思考。只有跨过了这个门槛，员工才会开始认真看待自己持有的公司股权。这时他们就会像经营自己的公司一样，用有创意的方法来提升公司价值，创造财富。

“持股”一词是包含权利、利益和责任的一整套概念。在持股上，一端是独资的企业主，他可以自行决定公司前进的方向，随心所欲地雇用或解聘员工，支配公司支出，代表公司签约。另一端是上市公司，股东握有决定谁可以进入公司董事会的投票权（其实这个投票权多半无足轻重），可以在公司赚钱的时候分到股利，也会受到股价涨跌的影响。在这两端之间，还有许多不同的持股形式。

如果要让员工持股概念真正发挥作用，使员工能够从企业主的角度来投入自己的工作，那么股票的收益就必须多到足以和员工每年的收入相提并论。这个门槛并没有一定的标准，不过可以参考很多成功实施员工持股方案的公司，他们配给年资20年以上资深员工的股票就是一个合理的数字。一般来说，受雇20年以上的员工可以获得价值在75万~100万美元左右的股票。这或许是个可供参考的数字。

要注意的是，这个数字不是来自公司的单次配股，而是由员工的持股不断累积而来。如果让员工在工作的头5年就领到所有配股，那就等于是鼓励员工一领到股票就套现，然后离职。比较好的方法是每年发放股票，这样员工之间会有许多讨论的话题。原本名为科学应用国际公司的SAIC公司，自1969年创办以来，已经通过员工持股方案创造出3000多位百万富翁级员工。微软也同样以创造了许多百万富翁而闻名。

为了进一步发挥定期配股的作用，许多公司还为员工提供了教育课程，帮助他们学习如何从企业主的角度进行思考。这类课程通常包括以下内容：

◎企业主应负的权责。

◎对企业运营的基本认识。

◎基本的会计原则与概念，例如负债与权益的区别、净利与营收的区别、存货周转的重要性等。

有些公司会在上班时间安排基础财务课程，还有一些公司会在内部网络或网站上提供员工训练课程，希望员工在自己方便的时候使用这些资源。有些公司甚至会表彰修完所有课程的员工，授予他们“合格企业主”称号，还会送衬衫、袋子或500美元的奖励等。

也有公司使用非正式的教育项目，将其与公司有能力执行的在职训练结合起来。他们针对自己的员工持股方案设计教育游戏，如利用自己设计的宾果、猜字或俄罗斯方块等游戏，帮助员工熟悉经营企业或参与股权时会用到的术语。

这些和员工持股相关的训练对员工确实有帮助，不过员工还必须定期了解公司的最新动态。为此，现在许多公司采用以下方法：

（1）通过网络及部门会议，高层经理人定期与员工分享公司目前的动态。这类会议通常每季度召开一次，以提供最新信息。

（2）鼓励高层经理人和员工进行非正式的会谈，讨论企业的经营状况。这类会谈通常选在午餐或晚餐时进行，让员工和高层管理团队互动，讨论资产负债表及损益表等。

（3）举行月度会议，让不同员工谈论各自专业领域的最新状况。

（4）在公司内部网站上提供详细的公司财务信息。

（5）给每位员工邮寄信件或发电子邮件，介绍每月更新的公司财务信息摘要。

通过上述方案，员工可以及时了解公司的财务绩效。员工也可以更清楚地认识到，如果自己的日常工作变得更有效率，那么自己就能为公司创造更多附加价值。员工愈了解自己创造满意顾客的努力和公司股价之间的关系，工作就会愈努力。如果再配上现金红利和其他奖励方案，那么员工在教育课程中学到的东西就会更有现实感，而不再是抽象概念。不少公司会发给员工奖金，金额相当于基本工资的10%，也有少数员工获得的奖金与利润分成超过薪资的25%。企业如果能这样做，那么就会有许多人排队等着上门应征，公司现有员工也会非常乐意留下来。

当然，鼓励员工像企业主一样思考和行动也有以下缺点：

（1）员工可能对自己身为企业主的权利过于乐观——期望自己可以年年加薪，或者希望公司在进行每项决策时都能征询自己的意见。如果这些期望不能实现，就可能招致不满。

（2）员工也许会对持有部分公司股权抱有怀疑态度——可能认为这是公司用来补偿自己真正应得的报酬。如果劳资双方长期存在明显敌意，员工就可能出现这种心态。员工可能这样想："我们到底牺牲了什么才换到股票？"或者："公司说会在我退休并且想卖掉股份时把钱发给我，我能相信吗？"又或者："天下没有白吃的午餐，'一起来当老板'之类的甜言蜜语里一定有什么圈套，到底是什么呢？"

（3）如果企业的价值不增反减——许多员工就会对持有公司股份这件事失去热情。就算造成公司价值下降的原因不是公司可以直接掌控的，这样的情形还是会出现。

（4）证监会的规定可能让公司无法在公布

财务信息之前先将其透露给员工，否则就可能触犯法律——所有员工都可能被视为“内部人员”，从而受到不得从事内部交易的管制。

（5）实施员工持股计划可能需要花费可观的法律和会计成本——才能符合相关法规的规定。

（6）公司必须从退休员工手上买回股票时，可能流失大量的可用现金。

（7）如果持股方案太成功，员工可能急着获利了结——提早退休，去享受自己的成功果实，再不用朝九晚五地工作。为了避免出现这样的情形，许多公司不得不制订员工持股最低年限的规定。

（8）持有公司股权的员工可能行使投票权，让不适合的人进入公司董事会——在理论上似乎是一种风险，实际上绝大多数员工都了解让最适合的人进入董事会的必要性。员工股东往往会把票投给其他股东支持的人选。

关键思维

采用员工持股方案是必要的，只有这样才能纠正传统劳资关系失衡的状态。在过去，谁给公司提供资金，谁就掌控了它。股东虽然会在公司经营不善的时候赔上自己所投资的钱，但是在公司赚钱的时候，也能够分到所有运营和增值的获利。如果公司不是一人公司，你就必须面对一项由来已久的挑战：你必须靠员工的力量来追求成长与获利，但是这些员工却对公司的成长与获利没有多大兴趣。当然，员工希望公司发展顺利，不会因为关门导致自己失业；如果公司成长，员工也许可以赚更多的钱或是晋升到更好的职位。但是公司成功和员工福祉之间的联系既薄弱又不稳定。原则上，员工持股方案可以改变公司与员工之间的关系，让公司的每位员工都能从企业的长期成功里享受到直接、具体的利益。从高层到一线员工，员工持股公司的所有员工都是公司的合伙人，彼此有共同的愿景和目标。当然，公司与员工之间的利益冲突也不会在一夜之间完全消失。

——罗森、凯斯、斯陶巴斯

三　员工持股的企业文化

让员工成为企业的股东是一个好的起点，但仅是这样还不够。要让员工持股方案发挥作用，还必须创造出“我也是公司老板”这样的企业文化。要让员工知道，这家公司和一般的公司不一样。

信念、价值观与期望决定员工在工作上会有哪些想法与行为，而企业文化就是这3项要素的体现。企业文化是通过言行、标准作业流程、各项惯例，以及各种正式与非正式渠道传递的信息建立起来的。

在传统公司里，员工努力去做所有能够增加营收与创造财富的工作，但他们的努力带来的利益却完全由另一群人独享，那就是企业主。在这种雇佣关系的环境中，企业文化直接或间接地意味着：

◎员工应该在公司规定的时间来上班。

◎员工应该依照公司的指示工作。

◎公司由各级指挥系统进行决策。

◎公司会按照市场行情支付员工劳动报酬。

◎员工应该把私事留在家里。

◎公司需要员工的时候自然会说明。

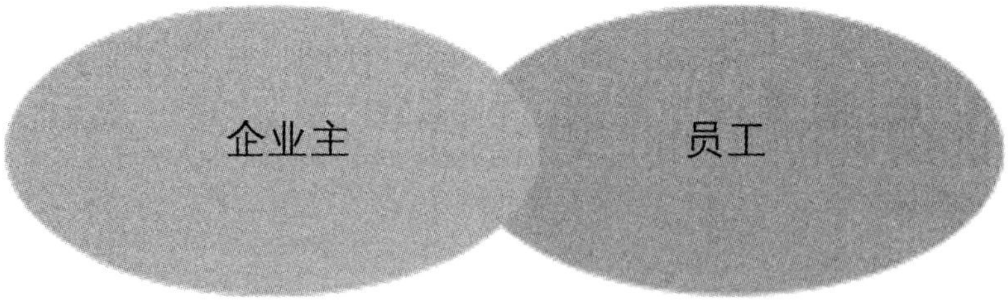

一旦员工持有公司全部或部分股权，公司组织与经营方式就会发生相应变化。与过去照章行

事的工作方式不同，公司会出现全然不同的企业文化，主要包括以下 4 点：

（1）员工也是企业主之一——员工必须从大处着眼，而不是只关心自己的薪水。不同的企业会使用不同的方法来强化这个理念。有的公司会在一般员工正式成为企业主之一的时候，为他们举行精心安排的加入仪式。也有公司会尽量通过语言沟通来强化员工持股这个概念。在所有内部沟通中，员工被称为“员工企业主”，员工的名片也可能加上“企业主”的头衔。还有公司会每个月举办“本月最佳员工企业主”的竞赛，提供高价诱人的奖品，让每个人都想赢得比赛。不论使用哪一种机制，全都是为了同一个目的，那就是时时提醒员工自己也是企业主之一，而身为企业主就必须有不一样的想法与行动。

（2）在这里发展自己的职涯，员工会获得很好的长期发展机会——员工持股公司几乎都是从内部拔擢人才。有的公司甚至坚决不找“空降部队”，完全在内部培养自己的领导者。经理人的信誉及其与其他员工的关系会在升职之前就建立起来，而不是在任命后才开始。公司还会投注资源来训练员工，并且让员工在不同部门轮岗，以积累充分的经验来晋升为经理人。有不少员工持股公司会设立委员会，负责找出有前途的人才，向他们提供职涯发展的指导和支持。整体而言，员工更可能在自己拥有股权的公司里发展自己的职涯，而不是在其他公司。

（3）员工会参与公司的经营——为某些重要决策提供建议。许多表现卓越的公司会广纳各方意见并采用参与式管理，让员工有机会提出构想，表达意见，进行决策并评价决策执行的结果。当员工有了明确的目标并且找出达成目标的方法后，公司里就会形成全然不同的工作氛围。大多数公司发现，让员工达成目标的最好方法是组织一个团队来实际负责经营某些事业。这个团队可以完全不需管理层的同意就去拜访其他公司，汲取新点子或者发展新概念，它甚至可以把新概念付诸实施。

（4）我们在同一条船上——我们一定要确保最好的点子都被采纳，不以人废言。员工持股公司的员工很少会在发生问题的时候坐视不管，说“这不是我分内的工作”。大家都会想办法解决问题。许多公司会举办社交活动来强化这个观念。当然，在行业不景气的时候，“我们在同一条船上”就会受到真正的考验。传统企业会在这个时候裁员，而员工持股公司则通常会制订严格的不裁员政策。员工持股公司可能在行业不景气时全体减薪5%，或是鼓励员工无薪休假，等到经济改善之后再回来工作。最起码，所有员工在事先都会很清楚裁员是无法避免的，而不是某天突然在公司接到坏消息。为了避免这种情形，不少员工持股公司都会尽可能在平时就精简人力。

有助于实践员工持股方案的企业文化并不能一蹴而就，但的确是可以形成的。许多员工持股公司确实拥有朝气蓬勃的企业文化。不过员工持股公司的企业文化也存在以下潜在缺点：

（1）人力配置缺乏弹性——不论发生什么外部事件或是市场变化，都很难裁员。员工持股模式的确可以创造比较高的员工忠诚度，留住最优秀的人才，但也同时意味着经理人很难请表现不太好的员工走人。

（2）决策制订要花比较长的时间——必须召开很多次会议，让每位员工都获得足够的信息来参与决策。要维持可行的员工持股文化，必须投入相当多的时间与努力。

（3）随着公司规模的扩大，员工持股文化会更难以维持——对各项决策持异议的员工会增多。公司的规模愈大，达成共识要花费的时间与成本就愈大。

（4）员工持股文化的益处有时候很难量化——可能难以判断这样的企业文化对公司究竟有哪些利弊得失。不可否认，员工持股文化可以激励员工积极主动地工作，多做一些努力，给顾客提供更佳服务。这对企业当然有益，但是要把这些益处量化成实际数字就不太容易了。

那么企业到底该怎么创造有利于员工持股模式的文化？首先，企业会提供大量信息，告诉员工企业运营现状，甚至包括经理人用来进行决策的详细信息。其次，企业会教导员工基本的财务相关知识，让其了解财务数字所代表的含义。同时企业也会运用一些技巧，在决策之前先询问员工的意见，根据员工提出的问题修改计划或流程。有愈来愈多的企业会直接授权员工自行进行更多决策。通过充分授权员工履行自己的职责并允许其不必经过主管批准就在第一时间进行决策，企业会发现，良好的企业文化已经自然而然地形成了。

四　员工持股的作业规范

有了员工持股的企业文化，还必须有相应的作业规范，让企业实现全面转型。

简单来说，员工必须清楚未来到底该用什么方式来经营企业。首先，每位员工必须了解企业的基本作业规范。其次，员工必须参与日常管理。员工持股模式要从理论落实到实际，员工就必须分担企业经营的责任。

优秀的公司之所以能长期成功并且保持领先，是因为它们学会了纯熟地应用一套竞争对手难以匹敌的作业规范。事实上，这些企业已培养出世界级的获利能力，并且还在持续学习如何做得更好。几乎毫无例外，要达到这种境界，员工不仅需要完全遵从指示，还必须像企业主一样独立思考和行动。该怎么做才能赚钱通常不是什么了不起的秘密，怎么让员工即使在职务说明中没有明确要求的情况下，还愿意尽最大努力让企业成功才是关键。这就是员工心态与企业主心态的差别。为此，必须做到以下几点：

（1）强调并追踪正确的绩效指标——能判别企业整体成功或失败的一两项重要数据。大多数员工持股公司发现，最好的方法就是找出一两项关键数据，然后帮助所有员工了解它们所代表的意义。对航空公司而言，关键指标可能是飞机在机场要再度起飞所花的准备时间；制造企业可能把密切追踪个人差异，或是每一班作业中单台机器的获利当成成功指标；服务企业可能追踪报价的数量、拿到合约的数量以及专业人员的总收费时数。关键是找出和企业成功直接相关而且员工可以掌控或影响的数据，然后让每一位员工了解，身为企业主之一，这些数字的大小与他们的获利有关系。

（2）向员工报告数据的变化情况——尽可能在最短的时间内报告。通过某种指数表或每天更新的简单记分卡，让每位员工可以马上知道或了解这些与自己日常决策相关的经济效益数字的高低变化。唯有让员工了解自己的决策和这些指标变化之间的关系，这些指标才会有所帮助。要做到这样，组织里每位成员都必须非常熟悉这些数据，并且充分了解自己的决策会造成什么样的影响和后续效应。

（3）积极管理重要运营数据——让员工不必依赖过去的财务信息和资料。思科公司每天结算绩效数字，并让所有员工迅速了解财务状况；有些公司则是每2~4周公布一次财务结算的结果，然后让员工开会检讨自己的绩效并在每一个季度结束之前进行最恰当的调整。这些累积的财务结果也可以作为预测的依据，帮助企业妥善管控各项费用。

提供财务信息并且让员工进行讨论，目的是

让每一位员工都参与公司的运营。员工仍然要负责自己分内的工作并将其做好，同时还要从企业主的角度关注全局。和任何一位企业主一样，员工当然会关心企业的运营绩效，因为这攸关他们自己的报酬。

公司里如果存在这种由下而上的财务意识，编制预算的流程就会变得更为有效。每位员工会就自己掌控的部分提出预算，组织再把这些数字汇整成总预算。然后员工可以就自己平常能够掌控的因素来追踪实际的绩效，并且采取必要措施来达成或超越自己的预算目标。员工只要成为企业的股东之一，就会从企业主的角度去思考和行动，而不再认为自己只是一部机器中的小齿轮而已。

值得注意的是，财务信息公开管理制度不仅可以使每位员工都详细了解公司财务状况，还可以帮助公司解决经常遇到的某些具有争议性的问题，比如：

◎奖励制度——扫除其神秘气氛与不透明流

程。员工持股公司通常会按员工薪资比例发放奖金，因此员工每个月都可以看出自己向奖金分配的标准又迈进了多少，而不用等到会计年度结算时才知道。注意，这些奖金不是因为持股而享有的获利，例如利润分享、股利或是股价增值等。发放奖金可以强化“我们在同一条船上，只要公司成功，大家有利同享”的意识。

◎组织行动方案——更可能从基层提出，而不是由上层发号施令。员工了解到改变自己的工作方法会提升公司的整体财务绩效，因此愿意接受变革，而不会质疑其必要性。在员工持股公司，员工会自己设计行动方案并且分析其后续效应。这当然是经营企业更有成效的方法。

五　转变成员工持股模式

转变成员工持股模式不是仅发股票给员工就够了，还需把员工股东视为真正的企业主并以这种方式来经营企业。

首先必须改变的是组织的文化和管理风格，然后还需投入人力物力来教育每位员工，最后才是结合所有人的最大努力，促成企业成长。要达成这项目标不是假以时日就可以自然发生的，还必须有具体的执行计划。当然，公司绩效的提升会让这一切努力都变得很值得。

从传统企业转变成员工持股公司，必须采取几项关键措施：

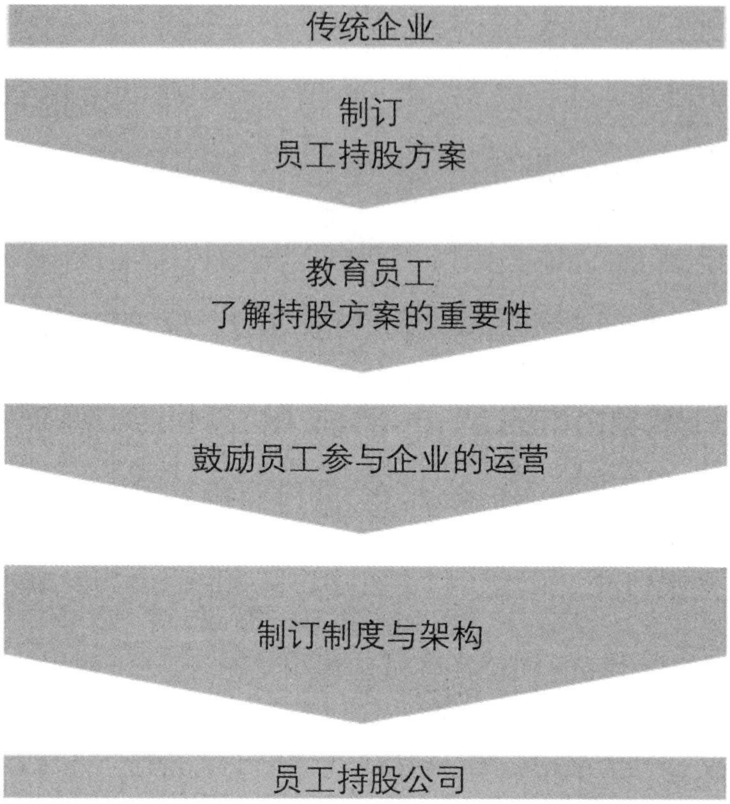

（1）制订员工持股方案——通常是所有措施中最简单的一个。有不少非营利组织能够提供建议，帮助企业制订、实施员工持股方案。例如美国的员工持股研究中心和贝斯特研究中心等机构，都会提供相关的构想与模板。重点是，不论最后决定采用哪一种方案，你都必须让员工有机会在公司成功的时候，真正分到一笔钱。

可行的员工持股方案必须覆盖面足够广（对全职和兼职的员工都适用），金额足够大且可以持续增加累计，而且制度稳定，让员工的持股在未来有增值的机会。

（2）教育员工了解持股方案的重要性——除非员工能够了解员工持股的含义，否则实施员工持股方案是没有任何意义的。因此必须纠正所有错误观念，提高基层员工对员工持股方案的基本认识。公司必须以简单的语言来告诉员工企业的运营方式，并且要用不同的方法反复说明，直到所有员工都真正了解成为企业主之一的含义为止。

（3）鼓励员工参与企业的运营——通常采取的方法是成立由经理人和一线员工组成的指导委员会。它可以研究其他已实行员工持股方案的公司，从中找出最好的点子和方法。它也可以检视整个公司的运营情形，以此判断公司的现状，拟出促进员工参与管理的可行计划。好的指导委员可以提出各种问题：

◎你被要求做过的最愚蠢的事是什么?

◎为改善自己的工作绩效，你最需要做的事是什么?

◎你给公司的团队精神打几分?

◎你认为公司面临的最大挑战是什么?

（4）制订制度与架构——帮助员工学习怎么经营企业。这通常是最困难的一步，因为它常常与大多数中高级经理人的喜好相抵触。实务上，这项措施通常可以再细分为大约5个重要阶段：

◎找出关键数据——只要这一两项数据改善，公司绩效就可超过所有竞争对手。

◎针对每项关键数据设定可以达成的目标——所有人认为对公司有益。在设定目标时不可以盲目，必须严格评估什么才是真正能够做到的以及为什么值得这么做。

◎收集所有人的想法——找出达成目标最实际的方法。把重心放在必须完成的任务上，尽量简化工作，让每位员工都能想办法去达成目标。

收集信息并且做一些尝试，找出可行的办法。

◎观察并且追踪关键数据——让每位员工都知道眼前的得失。设立一个记分卡，尽可能每天更新。

◎记录并且庆祝所有的“胜利”——让每位员工都能有成就感，觉得自己正在向更大的目标迈进。颁发奖品表扬大家的成就和在实现整体目标过程中取得的进展。为变革累积积极的动能。

要注意，这些措施说起来容易做起来难。毕竟变革总得付出努力。转型就像现今企业中的绝大多数工作一样，是相当困难的。幸运的是，转型的收获可能非常惊人。许多原本可能为了求生存而陷入苦战的企业，就是因为当年决定采用员工持股模式才获得今天的成功。如果公司由员工持股并经营，整个组织就会变得更有活力。员工持股公司会激起员工的斗志和决心，让员工不再像以前一样，净玩那些“尽一切努力让老板开心”

的把戏。因为了解了企业的运营状况，并且拥有可以实际影响公司运营的工具，所以员工会有把工作做得更好的内在动力。

企业采用的员工持股模式有多种形式，目前较常采用的广泛员工持股方案包括以下几种：

（1）员工持股方案。公司的所有股权皆由员工持有。所有员工只要符合特定年龄和服务年资的条件，都有资格参加员工持股方案。美国大约有 800 万名员工参加了 1.1 万个员工持股方案。

（2）认股权方案。员工有权在特定期间以特定价格认购公司股票。如果公司股价上涨，员工可以用远低于市价的价格购买公司股票；如果公司股价没有上涨，员工也可以不行使认股权，任其过期或失效。估计美国有 700万~ 1000 万名员工拥有认股权。

（3）限制性配股方案。员工在某些条件下可以购买公司股票，并且价格常常低于市价。最常见的限制条件是员工必须持续为公司服务一定年限，通常是 3 ~ 5 年。持有的股票也必须满足相应的限制条件才能卖出。

（4）合格员工认股方案。员工可以用扣减部分薪资或其他固定付款方式，以较低的价格购买公司股票。付清购买股票的金额后，员工可以自行决定是继续持有或是卖出。所谓“合格”的条件是指，这些方案应符合美国国内税法的规定，因此可以获得税赋减免。如果企业愿意，也可以推出“不合格”的员工认股方案，实施方式和合格员工认股方案相同，但不享有任何税赋减免。

（5）股票增值方案。公司把股价在特定期间上涨而获得的增值报酬分配给员工，可以是现金，也可以是股票。

许多公司发现，提供股票给员工是一种很符合成本效益的方法，可以吸引、留住员工。甚至在有些行业，例如软件业和生物科技业，公司若不提供员工持股方案，就很难吸引到人才。具体来说，在以下 5 种情况中，建立员工持股的公司文化是极有效的手段：

（1）当你想创造一个人人向往的公司时——以吸引最优秀的员工。为此你必须提供好工作、优渥的报酬、方便舒适的工作环境，但提供股权是关键。道理很简单，最优秀的人才总是寻找能让他们享有自己部分成果的公司。员工持股就是这种思维的终极延伸，也是使企业与众不同的方法。

（2）当你面临具有破坏性潜力的新竞争对手时——你需要一个非常强劲、能够克服所有竞争威胁的经营理念。当员工持有公司股权、有责任推动公司向前迈进时，他们会更卖力，更有创意地工作。他们会寻找创新点子和更好的服务方法。但员工持股方案若不能覆盖大多数员工，就很难产生这样的效果。

（3）当你的公司只是一家平庸的公司时——你必须设法让公司从行业中脱颖而出。让公司变成员工持股公司，便能给员工提供在其他公司得不到的东西——他们可以自己进行决策，选择自己的成长机会。

（4）当你在筹划一项新事业时——你需要吸引并留住现阶段负担不起的优秀人才。科技公司和追求成长的新创公司向来懂得使用员工持股这张王牌。没有什么比提供追求成长的新创公司股权更能吸引优秀人才了。

（5）当你相信这是正确的、该做的事时——你的道德观告诉你，所有一起创造财富的人都应该公平分享这些财富，而不是只有资深经理人才有资格。员工持股模式合乎道德，对所有人公平，这对某些人来说非常有说服力。

关键思维

我试图使星巴克变成理想的公司，即我父亲当年也希望服务的公司。我父亲没有高中文凭，可能永远也无法当上主管，但只要他在星巴克的咖啡店或烘焙厂工作，他就不会因为公司不重视他而挫败地离开。他在这样的工作环境里将会享有极佳的医保福利、认股权，并且他提出的建议与抱怨都能立即得到回应。星巴克成长得愈大，就愈有可能在某个地方有某位员工未能获得应有的尊重。若不留意这个问题，我们就会面临失败，那比华尔街所能察觉的任何缺点都要严重。

——霍华德·舒尔兹

我认为，担任一家员工持股公司（注意，公司有485名员工）的CEO，最棒的事情之一就是我有485个老板！我觉得自己对他们每个人都要负责任，而不是只要让董事会开心就够了。我个人的理念是：每个人都需要指导，每个人都需要帮助，每个人都需要一位上司。我指的不是一位事事干预的上司，而是一套制衡的制度。我们公司运营非常透明化，我们实施财务信息公开制度，把相互信任当成企业运营的基础。由一群企业主通过团队合作建立公司这一概念非常重要。除了必须知道该如何支持、管理员工持股模式以及如何让员工拥有发挥最大潜力的空间外，你还不能沉迷于那些会使你远离核心竞争力的点子与概念。

——约翰·凯恩

透明化领导

The Transparency Edge

How Credibility Can Make or
Break You in Business

原著作者简介

芭芭拉·帕佳诺（Barbara Pagano），主管大道顾问公司创办人及总裁。曾亲自指导3000多名资深企业领导人实践诚信，并帮助他们完成多个研究项目，使企业领导人将其行为与企业价值更好地联系起来。

伊丽莎白·帕佳诺（Elizabeth Pagano），任职于主管大道顾问公司，专门负责协助中层管理人员。曾任商业记者，荣获多项奖项，同时也是多家报纸和刊物的专栏作家。

本文编译：谢绮蓉

主要内容

轻松读大师

一　诚实无欺 / 49
二　征询他人的意见 / 53
三　沉着稳定 / 58
四　卸下防备之心 / 61
五　信守承诺 / 65
六　小心传达坏消息 / 69
七　处理错误 / 73
八　尊重他人 / 77
九　关心下属 / 81

一　诚实无欺

诚实之于领导力，就像车轴之于车轮。如果决定不说明事情真相，就要向员工解释原委。道理很简单：诚实的人不会另有盘算，也不会让事情变得更复杂、更麻烦。

如果你一向诚实可靠，大家就不会怀疑你告诉他们的事，自然也相信你在任何情况下都会据实以告。这同时也是一项挑战。领导者通常知道一些基层员工不知道的信息，在被询问或诘问时，也许必须推托不知或模糊带过，这样信任关系便容易受到影响。

要以更开放、诚实的态度面对同僚或下属，可以参考以下方法：

（1）不要害怕说“很抱歉，我现在还无法讨论这件事”。这样不但可以让自己保持诚实，还可以保守别人托付的秘密。

（2）告诉别人“我保证会对大家百分之百诚实，但在回答之前我需要一点时间想一想”。

（3）即使有些事实让人难以承受，仍要让大家坦率地说出真相。比如，召开团队会议，让不同背景和经验的人都贡献自己的想法。

（4）主持会议时，提出以下问题，鼓励大家坦率讨论：

◎有哪些大家害怕提及的问题？

◎有哪些是我们试图在台面下解决的问题？

◎对这个问题我们还应该注意什么？

（5）征求针对自己的改善意见——坐在团队成员面前，请求他们协助列出能够改善你表现的建议。要认真考虑这些想法和建议，这样协助才会有意义，而不只是流于表面形式。

（6）要随时让同僚知道困难问题的处理状况。换句话说，要填满信息的空白，不让谣言有机可乘。

（7）在适当的时机诚实坦率地表达自己的看法——要在私下对他人提出批评和指教。当然，赞美要公开，这样可以获得最大效果。

（8）记下自己何时会为了一己之利而歪曲事实。比如因睡过头而迟到，却企图以严重堵车为借口。检讨自己为什么要歪曲事实，然后看看未来是否有更好的方式来处理这种情况？

（9）说话前要三思。说话技巧很重要，应该以关怀、直接的态度来表现自己的坦诚。与他人互动时要谨慎，技巧拙劣的诚实会让美意大打折扣，所以要用关怀之心说实话。

（10）不要给予同僚错误的赞美，而要直言善意的真话。真诚地说“我喜欢你报告时的开场方式”，对方的感激会远胜于听到你圆滑地说“你的推销术超棒”。

关键思维

诚实有时也会成为一种负担。当然，诚实始终是信誉的必要元素。近年爆发的企业、政治丑闻，已经在高倍数的放大镜下现出原型。如果无法做到完全透明，你也可以秉持诚实的原则，尽可能地提供信息，包括说明不能做到完全透明化的原因。不要让大家猜测有什么台面下的问题。

——芭芭拉、伊丽莎白

二　征询他人的意见

询问对方的意见可以显示你的尊重。当领导者针对自己的表现征询他人意见时，往往难以得到正确的答案，这也是为什么要实行透明化。

由下属和上司以不记名方式来评价你的整体工作表现，你可以了解自己需要改变哪些做得不好的地方。通过了解别人对自己的看法，自己就有机会学习、成长。询问他人意见还可以强化自己的可信度。

通过询问同事的意见，你可以获得以下好处：

◎共情——你开始从别人的角度看自己能够提升或改善哪些表现。

◎你可以更容易看出自己对哪些小挑战有胜算，因为“战斗”正酣之际，往往看不清真相。

◎你可以发现自己的盲点和舒适圈，从而明白该如何改善，以便在未来有所进步。

下属一般不敢惹怒上司，因此要求他们直接提出建言通常很难成功。一般而言，可以通过非正式的互动场合寻求反馈意见。这时提出的想法往往更真诚，也不会是下属曲意讨好上司的话。

还有一些鼓励他人提出意见的好方法：

（1）要求所有与会成员针对你每周主持的例会提出看法，指出感到满意的地方和有必要改进的地方。

（2）让大家利用电子邮件提出意见。一般人认为这种方式比较安全、自在。

（3）要求大家陈述具体想法：

◎是否举个例子？

◎这种状况最常在何时出现？

◎请说明你的意思，我才能比较了解。

◎请给我一个典型范例。

（4）与其他企业领导者谈谈，看他们在成功收集意见上有什么想法或妙方。

（5）要有耐心。即使你真心想改进，别人也需要时间才能真正相信你。尽量多给他们一些时间。

（6）不要在员工绩效评估期间要求提出意见。此时他们已经够紧张了，不要火上加油。另找时间了解员工对你的想法。

（7）不要让人当场反馈，可以让他们一两个星期后再回复。你甚至可以事先请他们提出看法。

（8）把谈话事项限定在3个以内，包括好的地方和需要改进的地方。不要抓住机会就大发牢骚。

不用说，你对别人意见的反应会大大影响未来能收到的意见。如果他人提出意见时你忍不住冲口而出“等一下”或大叫“这真是荒谬”，那么你未来收到他人意见的机会就会大大减小。他人提供意见时应该：

◎说“谢谢”，然后进入下一个主题。

◎简单总结刚才的重点，请对方再进一步说明。

◎承诺会研究该如何改善，然后彻底执行。

◎大胆采取任何必要的行动。

◎务实——避免一次改变太多事情，试着每半年改善一两件事。

◎确保自己充分了解了相关细节。

◎控制情绪。

◎面对各种情形都能进行正面思考。

关键思维

◆不管我们认为自己面对批评时有多谦逊，其实本质上大家都不喜欢听到批评。人们都不希望犯错，不愿意被迫改变，因此听到与自我认知相违的事情时，会自然产生抗拒。当对方也觉得有义务说出实情时，你自己承受得了吗？

◆能够勇于询问大家意见的领导者，可以赢

得尊重和信任。领导者可以激励大家采取同样的行动，推动集体的自我发展。仅是询问他人意见就可以产生极大力量。

——芭芭拉、伊丽莎白

三 沉着稳定

领导者在面对挑战时的表现就像测试个人可信度的试金石。透明化管理并不需要领导者全盘托出，追随者需要的是对领导者的信任。

领导者不仅要善于控制自己的情绪，还要善于控制自己对情绪的反应。当领导者能用成熟的方式应对业务的波动时，其可信度自然会上升。如果领导者时常“抓狂”并对每个人咆哮，大家就会开始猜测：老板下次情绪失控会是什么时候？谁又会是那个靶子？

在情绪激动的情况下，可以用以下方法保持冷静：

（1）深呼吸——把注意力放在呼吸上，暂时放下情绪。

（2）在反应前，先暂停一下——想想看自己要做的事对不对。

（3）降低音量——用低沉、刻意的语调缓缓讲述，不要扯开嗓门大声咆哮。

（4）试着想想别人的感受——转移对自己激动情绪的注意力，从而选择更聪明的应对方式。不要不假思索地作出反应。

（5）无论说什么都使用温和的语言——避免使用“笨蛋”“绝不”或是“荒谬”等激烈的字眼。

（6）如果情况允许，就在通盘考虑之后再进行回应。

企业领导者情绪多变是缺乏稳定性的表现。如果你是个情绪化或难以猜透的人，下属就会无所适从，战战兢兢。他会避免报告坏消息。这样办公室的沟通和透明化管理就会受到影响。

那么该如何处理公开的事业危机？可以参考以下方法：

（1）保持存在感——当员工需要见到领导者

采取行动时，就挺身而出，回答大家的疑问。一旦有最新消息，随时告知。

（2）通过强调组织价值观、愿景或指导原则，鼓励大家继续正常工作。

（3）适时寻求协助，让大家参与制订行动计划。要集思广益，找出最好的建议并善加运用。

（4）向大家下达清楚、简洁、毫不含糊的指示。不厌其烦地重复重点。

（5）不偏离目前任务，但也要共情，特别是对那些面临危机的下属。要保持理性与感性的平衡。

（6）要定好节奏，主动采取行动。要成为理智行动的表率，让其他人效仿。要审慎明智地选择行动方案并迅速有效地落实。

四　卸下防备之心

可信度是透明化领导的关键因素之一。有时候可以在工作中透露一些私人信息。好的领导者会慎选时机，建立品质良好的工作关系。

把保时捷名车留在家里，开着福特卡车上班，无助于增进你的可信度；穿着法蓝绒衬衫拍照的政客，也并不显得真诚。领导者只有与追随者建立有意义的人际联系，才能增强信赖感。

真诚可以增进彼此的信任并改善人际联系的品质。领导者必须创造与追随者互动的机会，展现真诚。可以参考以下方法：

（1）给下属提供一份有关自己的报告，将其当成“使用手册”。内容包括自己的信仰、价值观、性格特点等：

◎自己的长处、短处。

◎宗教、政治信仰。

◎对特定社会议题的个人观点。

◎个人目标、追求。

◎工作上最尴尬的时刻。

◎最自豪的成就。

◎对未来的最大担忧。

◎家庭背景。

（2）传达信息时，不仅要陈述事实，还要适当表达自己的分析、观点和意见。你可以特别点出自己觉得困难的地方，也可以直接坦率地表述，比如："我刚听到这个想法时，其实也很挣扎，但之后换了个角度来思考。"介绍个人成功秘诀、对行业的了解和学到的最大教训愈多，就愈能表现自己的真诚。

（3）建立一些重要的私人关系。从忙碌的日程中抽出时间去拜访生命中重要的人，和他们保持联系，维持友善关系。让这些重要人物进入你的生活，展现你是诚实且可以信赖的人。

（4）做好小事，不要搞大动作。要平易近人，把每个人都当成独立的个体，而不仅仅是受雇于你的员工。在走廊相遇时要跟人打招呼，让大家能自在地与你相处。

（5）结合个人经验阐述组织的价值观。描述组织的价值观使你的个人生活发生了什么变化。给大家提供具体的实质内容和关联性，说出哪些对你来说是重要的。

关键思维

◆如果能稍微了解领导者个人的一面，包括他的观点、教训、价值观，然后再看到领导者的言行表里一致，那么追随者就能信赖这样的领导者。

◆透明化管理，也就是表里如一的行为模式，在财务管理上已经发展得很完善。财务完全公开是证券法的重要内容之一。然而，在公司管理或者更具体地说在领导者方面，透明化尚处于初步阶段。事实上，当透明化管理的重要性愈来愈明显，愈来愈多组织要求透明化以便进一步取信于客户、投资者和员工时，领导者不禁自问："这对我究竟代表着什么？我该如何成为透明化领导者？"精明的领导者也许会提出更重要的问题："我该如何运用透明化管理，并借此建立或保持可信度？"

——芭芭拉、伊丽莎白

五 信守承诺

要重承诺。如果你一向言行一致，那么在环境改变而不得不重新考虑先前的承诺时，大家就会比较宽容。

不论在个人生活还是在工作上，要做到言出必行都很困难。在复杂的情况下，我们可能很难看清自己是不是违背了承诺，有时顶多只能尽量不违背承诺。

一个人的信用好不好，很大程度取决于他会不会乱开支票。如果言出必行，信用自然节节上升，只是许多人常会掉入开空头支票的陷阱。信用可靠的人通常比较有组织能力，能信守自己的承诺。你可采用以下方法来增强自己信守承诺的能力：

（1）清楚表示你同意哪些事，不要让别人产生错误期待。愈是漫不经心的口头承诺，愈容易造成误解。

（2）不要为自己的部门、团队或公司许下不切实际的承诺。如果有特定的完成日期，要积极达成，可别仅仅把这个日期当成在顺利情形下的一个参考期限。

（3）对自己无法百分之百认同的事要敢于说“不”。与其无意达成承诺，还不如当场拒绝。

（4）除非碰到真正紧急的情况，否则应拒绝重新安排会议时间。信守承诺，然后在未来小心避免安排过度紧凑的日程。

（5）违反机密原则会降低自己的信用。不要与其他人讨论任何机密信息。

（6）重视自己在工作或生活中许下的承诺。与你共事的人会观察你如何做到所有具体言明和暗示的承诺，不要让他们失望。

（7）要注意，自己的价值观也会传达出承诺的信息，所以要保持对这个领域的敏感。如果你告诉员工，他们的努力与公司最佳顾客的惠顾同样重要，那么他们便会把这个信息解读为一项承诺，即他们会得到公平对待。如果顾客提出不合理要求，员工会期望你以行动实践你的承诺。你的可信度取决于你如何遵守这些大家认定的承诺。

总之，在业务上信守承诺并不那么容易。实际上，有时候因形势所迫，你必须重新考虑先前的承诺。如果你向来行事公开透明，那么追随者至少可以了解你未能履行承诺的原因，这也许有助于他们接受最后的结果。

关键思维

◆追求诚信，不是在竞赛看谁最受欢迎。说"不"所造成的伤害，远低于不信任所带来的伤害。

◆要建立互信的团队或组织，领导者必须以身作则，言行一致。领导者言行一致，其他人自然就会效仿。领导者在与供应商、顾客和事业伙伴进行日常互动时，都应秉持可靠的态度和精神。信守承诺反映在财务报表上，就是丰硕的成果。

——芭芭拉、伊丽莎白

六　小心传达坏消息

向员工或投资者传达坏消息时要谨慎，争取以此为契机增进彼此的信任。

大部分人认为，承认自己工作上的疏失会损害自己的形象。这种想法事实上并不正确。如果能妥善处理坏消息，你的可信度反而会上升，因为你在困境中仍然坚持公开透明的态度。传达坏消息时可以采用以下方法：

（1）预期他人会有什么反应，再考虑公布时机。

（2）尽可能提供信息。你可以安排提问时间，保持开放的态度，回答任何问题。大家会更相信得到的信息是真实的，而不是公关说辞。

（3）通常情况下，等待或拖延愈久，情况就愈难以收拾。因此，要尽可能及早宣布坏消息。

（4）态度要慎重。传达坏消息时，要想象自己是在向老板报告，不要用轻蔑的语气传达。

（5）说明要直接。不要拐弯抹角或粉饰太平，该说什么就说什么，简洁明了，这样大家就不必去猜测你闲扯背后的重点到底是什么。

（6）讨论绩效或问题时应对事不对人。不要让会议上的讨论流于闲聊，要专注在重要的议题上。

（7）让对方有机会反应，参与讨论并解释发生的事情。也许他们能想出你从未想到过的解决办法。

（8）不要翻旧账。讨论眼前有哪些挑战，它们会对未来有什么影响以及接下来该采取什么样的行动。如果情况许可，就制订出解决问题的计划。

（9）只谈事实。讨论实际的数字或具体的例子，不要为了取得戏剧化效果而夸大事实。讲求事实，符合逻辑，避免过度情绪化。

（10）花更多时间讨论如何解决问题，而不是只简单罗列问题。

事实上，及早知道坏消息，永远比来不及做任何努力时才知道要好。因此，对坏消息要保持开放的态度。创造安全的环境，让每个人都知道传达坏消息不会被秋后算账，同时肯定他们对组织所作的贡献。要让大家知道，在开放和透明的企业文化中，传达坏消息是可以被接受的行为。

关键思维

◆大部分人觉得，传达坏消息不是件容易的事。有的领导者选择保持沉默。无论用意好坏，这都不是负责任的做法。员工通常都希望领导者能以诚实、直接、审慎和关怀的态度即时传达信息，无论好坏。

◆在一项领导力评估的调查中，有 75% 的员工认为，他们的上司不见得都用直率的态度处理问题。这些领导者中也有72%赞同这点。员工通常要求更具建设性的批评，例如“即使面对批评很困难，也请不吝给我更多意见”或“告诉我现在的表现，说出我做错的地方”。如果你有可以提升他人表现的想法或信息，就与之分享吧。帮助追随者成功是你的职责之一。

——芭芭拉、伊丽莎白

七 处理错误

处理问题的方法与态度，要比一开始就把事情做对更重要。以明朗的态度处理错误，可以显示自己的诚实，这比任何说辞都更具说服力。

有时候愿意认错并道歉反而可以取得主导权。如果一个人可以真诚、主动地说出自己的缺点，而不是被迫交代所犯的错误，大家就会给予他更高的评价。当领导者谦虚、真诚地承认自己的错误时，他的可信度便会大幅提升。

要以更好的方式处理错误，可以采用以下方法：

（1）主动承认错误，不辩解。公开及时地承认错误，投注大量时间解决问题，而不是对问题发生的原因穷追不舍。

（2）了解自己的错误可能已经在同事之间引起了不满情绪。不要试图做表面功夫粉饰太平，要尊重他们的感受，说明你愿意重新调整。

（3）要真诚道歉。如果错误对大家造成影响，就公开道歉。体谅他人的感觉，要对问题的严重性负责。

（4）要直接道歉。说“对不起”或“我道歉”。要确定大家都了解重点，否则他们可能以为你想诿过。

（5）要在承认过错和放低身段之间取得良好平衡。比如：“我很抱歉，我对此负全责。我已经从这次错误中吸取了很有价值的教训，未来会采取不同的处理方式，以避免同样的问题再度发生。”

（6）尽早道歉。拖得愈久，道歉发挥的作用愈小。

（7）不要给他人造成误解。清楚认识到你的行为对他人产生的影响，否则你的道歉会被认为是要手段，没有诚意。

（8）平铺直叙。不要试图用美化的字眼来淡化你的过失。要对问题及其后果负全责。

（9）说明你在这件事中学到的教训，帮助他人不要在未来犯同样的错误。将道歉转变成对整个组织有价值的学习机会。

（10）一旦修正错误，就要往前走。不要经常回顾或探究过去的错误。在改善之后，就让过去的问题自然消逝。

要成为值得信任的领导者，就必须学会有效地处理问题。错误迟早都会发生，如果有效处理，你的可信度就会得到提升。

关键思维

◆调查显示，公司只要拿起电话为错误道歉，就可以找回 50% 的顾客。通常只要公司愿意为延误交货、订单输入错误等道歉，几句话就可以使问题得到解决。道歉不用花费公司任何成本，却可以让顾客感觉受到重视。

◆在领导力调查的问卷中，有62%的领导者说，他们应该加大承认错误的力度。

◆公开承认错误并道歉需要采取很谨慎的态度，否则可能失去他人的忠诚、信任，甚至因此丧失顾客、朋友或工作。

——芭芭拉、伊丽莎白

八　尊重他人

使用对立或不当的语言会损害领导者的可信度。一定要避免使用责备、批评的语言或采用对立及贬低他人的态度。

当领导者在众人面前贬低或不断责备员工时，大家会认定他不尊重人。而赢得众人高度信任的领导者则会通过坦率的沟通展现对同仁最大的尊重。

要在谈话中获得更大信任，应注意以下几点：

（1）避免使用对立的语言或破坏性的评论来诿过，要提出可行的解决方案。

（2）绝不以言语贬低他人。相反，要让组织所有成员都觉得自己很重要。要让员工多表达意见，而不是只听你说。要认真思考员工提出的问题，不要因人废言。

（3）批评任何人都要小心谨慎。即使你真心想帮助人，也很容易遭人误解。不要夸张或过度诠释问题。事先仔细想好要传达的信息，找到正确时机，选择正确的方式，说出该说的内容。记住，最好的评论是鼓励、支持和肯定。温和的批评可以强化善意。不当的批评很容易激起反感甚至敌意。

（4）要避免指责风暴。不要试图骂遍整个组织的人，要找到应为问题负责任的人。指责风暴会占据你的时间，使你无法好好思考未来。别把心思花在指责上面，要专注于把握未来出现的机会。那才是你该时时专注的重点。

（5）排除任何对立的心态。不要视任何一个部门或团队为麻烦的制造者，要培养同舟共济的精神，每个人的贡献都值得尊重。你尤其应该做到：

◎不采取你输我赢的态度，要采取双赢的

方法。

◎鼓励大家提出问题，多相互了解。

◎以民主和普及的方式分享信息。

◎在不同部门间建立共事的伙伴关系。

◎花些时间，公开解决分歧。

（6）充分散布信息。这样大家就不需要自行填补空白，从而减少内部谣言的产生。每周举行训练会议，教导员工理解公司的各项报表数据，所有感兴趣的人都可参加。这样，你可以在任何流言开始酝酿之前消弥于无形。

（7）给公司注入一点幽默感。要有乐趣。可以用开玩笑的方式庆祝最近达到的目标或者讨论出现的缺失。要注意，你的幽默必须自然，不冒犯他人。如果你不是太严肃，大家就敢采用同样的方式。

（8）要避免嘲讽或尖酸的评论。

关键思维

任何笨蛋都会批评、谴责和抱怨，而大部分笨蛋确实都在做这些事。

——戴尔·卡耐基

◆领导力需要建立并维系诚信，而透明的沟通则需要对他人显示高度的尊重。对立或破坏性的语言会削弱透明化领导的效果，比如改善关系、加强信任以及建立可靠的声誉等。能避免破坏性评论的领导者，比其他领导者更有机会提升士气、加强团队合作、促进开放的沟通、减低离职率和缺席率，并可提高生产效率。

◆改正进行破坏性批评的习惯会是一项有价值的成就。说话不经思索或毫无目的会损害你的可信度。

——芭芭拉、伊丽莎白

九 关心下属

领导者会认可、理解、帮助追随者成长。好的领导者会说:“谢谢大家的追随，我会尽己所能，帮助大家获得更大成就。”

好的领导者能够帮助组织成员成长。领导者必须了解如何帮助员工投入工作、寻求资源，从而帮助他们实现个人成长。领导者还必须清楚了解每个人的才能、动机和盲点，运用项目和挑战帮助员工实现成长。

要帮助员工成长，可以采用以下方法:

(1)展开双赢项目——在组织发展的同时，让个人也得以通过工作获得新的技能和知识。

(2)分享指挥权——把你的部分工作授权出去，让员工有机会学习、成长。让员工面对真正的挑战，这才是对员工的最佳在职训练与精神鼓励。

（3）开发一些绝佳的训练资源，让员工可以自行选择运用。简单来说，可以采用以下方法：

◎建立师徒关系或学习伙伴关系。

◎参与社区领导力培训项目。

◎提供各类跨部门训练机会。

◎建立企业内部大学。

（4）让员工在组织内部轮岗，帮助他们发展多方面能力，获得对未来有帮助的知识和技能。

（5）找出组织的最大问题和有热情去解决这些问题的人，让他们放手去做。你可以组成一个跨部门小组，小组成员也许会想出有创意的想法。至少，这个小组可以培养出很棒的团队精神。

（6）表扬员工达成的成果。当员工有令人印象深刻的表现时，要以公开的方式表扬。表扬员工，显示你对他们的关心。不要吝于给予大家掌声。

（7）不要只注重业务目标，还要肯定员工本人。找出可以启发他人的方式，和每个人互动，和大家建立直接的个人关系。要设身处地为他人着想。

（8）当大家的想法和你的不一样时，要鼓励他们表达自己的意见。花时间了解他们为何有此想法，要配合他们，而不是抗拒。

关键思维

如果领导者能与同事和追随者共同琢磨，一起建立诚信金字招牌的基本架构，那么在达成成果之前的漫长过程中，领导者便能获得大家的谅解。信任绝对会带来回报。领导者也会因此体验到分享知识以及值得信任的声誉所带来的成功。

——芭芭拉、伊丽莎白

宝洁的成功之道

The Game-Changer

How You Can Drive Revenue and Profit
Growth with Innovation

原著作者简介

艾伦·拉夫雷（A.G. Lafley），宝洁公司董事长兼 CEO。他的职涯从美国海军开始，之后进入哈佛商学院就读，并于 1977 年加入宝洁。他也是通用电气与戴尔公司的董事。

瑞姆·夏蓝（Ram Charan），演说家、顾问、作家、策略专家。他在哈佛商学院取得商管硕士与博士学位，并曾在哈佛大学和西北大学任教多年，担任多家企业包括通用电气、杜邦、诺基亚等公司董事会和高级管理团队的顾问。他的著作包括《执行力》《实力》《让顾客甘愿多付钱》等。

本文编译：邱约文

主要内容

5 分钟摘要 | 创新的要素 / 89

轻松读大师 | 一　以顾客为中心 / 91

二　目的与价值观 / 97

三　高挑战性的目标 / 99

四　扎实的策略 / 101

五　独特的核心优势 / 104

六　支持创新的组织架构 / 110

七　协调一致的制度 / 115

八　上下一心的组织文化 / 121

九　魄力十足的领导人 / 126

5分钟摘要

创新的要素

创新可以扭转公司的被动局面，让新产品或新服务带来新的顾客，推动营收成长，最后提升获利。不过创新要出成果，就必须融入公司的经营之中，而不能将其视为单独的活动。

实际上，要成功创新，企业必须具备以下8项要素。

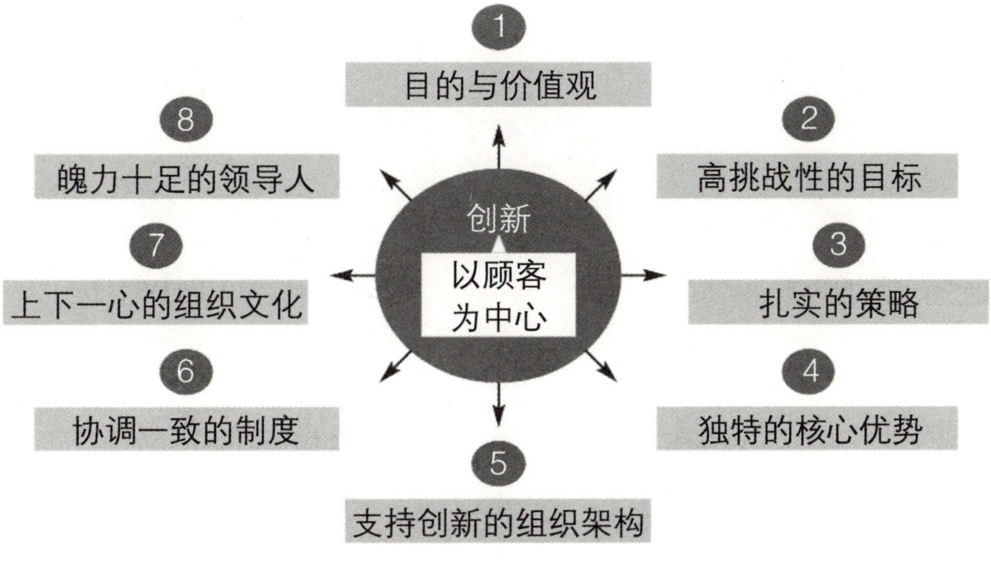

融合这 8 项要素的创新不仅能为公司带来稳定的成长，还能为公司带来极具价值的差异性。对创新而言，这 8 项要素是不可或缺的。

关键思维

创新就是将新构想转化为营收与获利。真正的创新可以改变企业的经营环境，如市场空间、竞争空间和社会空间。扭转局势的领导人会寻找并执行能让公司迈向长久繁荣的构想。“不创新就被淘汰”正是商场的游戏规则。

——拉夫雷、夏蓝

一　以顾客为中心

只有把顾客当成老板，创新才有意义。你必须了解顾客的理性、感性需求，想出能改善他们生活的新产品。这也是企业的终极目标。

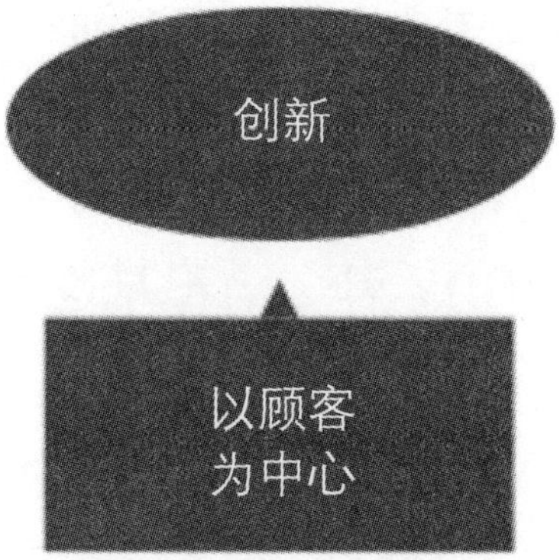

要开发更好、更具创新性的产品，就必须了解顾客想达成什么样的目标。如果你能让潜在顾客积极参与新产品的开发过程，那么毫无疑问，这些产品会比在实验室或研究所里开发

的产品成功得多。

请看以下两个例子：

◎ 1996 年，诺基亚决定在印度市场推出手机时，并没有直接把在其他市场上的畅销款型稍加变化就推出。它在印度当地成立的产品开发团队判断，在印度推出的手机应能防尘，具有闪光功能，而且定价要远低于西方市场。诺基亚还发现必须自行建立分销系统，因为现有的大型零售商都不愿意销售手机。诺基亚想出的构想是和许多业者合作，在类似贩卖水果和蔬菜的小摊子上销售手机。到 2007 年，诺基亚已建立 10 万个零售点来销售手机。结果，它在印度手机市场的市场占有率远远高于其他品牌。

◎宝洁在墨西哥市场推出 Downy 衣物柔软剂也是类似的例子。在 21 世纪初，宝洁在那里的市场占有率很低，而且毫无改善的迹象。宝洁针对目标客群进行研究，发现他们家里的自来水供应不稳定，洗衣是一件苦差事。于是宝洁开发出一种新的衣物柔软剂，让洗衣变得更轻松，更省水。它可以在洗衣的最后一道程序中加入，清水可以同时漂洗掉洗洁剂和衣物柔软剂。这种名为 Downy 一次净的产品在墨西哥消费市场一炮走红。宝洁之所以能够开发出这种产品，完全是因为它肯花时间找出消费者在使用现有产品时的目的和不满，然后再想出更好、更有效的方法来解决问题。

因此你也要了解你的顾客，要超越传统的消费观念，而不仅仅是找出有利的细分市场。要设身处地站在顾客的立场，找出他们想要达到的目的。你必须了解影响顾客情绪的因素有哪些，你还必须理解他们的愿望，包括他们的身份、生活方式以及他们希望如何使用你的产品来改善生活。对消费者了解愈多，你就愈有可能发现创新机会。一旦认识到那些机会，你就可以运用资源进行创新。

在设法了解顾客时，要记住，顾客常常无

法明确指出他们的需求。他们没办法像你一样知道有哪些可能性。有个常用的说法是，如果亨利·福特真的听从顾客的意见，那么他所生产出来的只会是更快、更便宜的马车。有时候你必须后退一步审视你所听到的意见，从而以全新的眼光洞悉根本需求。不过可以确定的是，顾客购买你的产品，要的是面面俱到的体验。你若能静下心来仔细分析该如何提供更丰富、更刺激的顾客体验，让顾客难以忘怀并且感到物超所值，那么你的方向就对了。

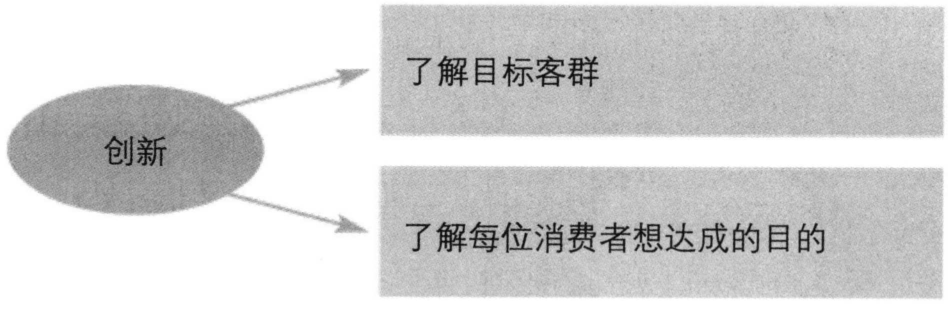

以顾客为中心的创新真的不是什么深奥的学问。创新首先需要了解你的目标市场是由哪些人

组成，了解他们购买产品是想达成什么目的。其次你应该思考如何给顾客提供物超所值的产品或服务。再次就是持之以恒。有时消费者没说出口的需求，要等到你不断去试着满足的时候才会浮出水面。成功创新的公式就是这样简单明了。

关键思维

除非你清楚自己的目标客群是“谁”，他们要的是“什么”，否则创新就无法成功。找到目标客群，找出他们想要的，然后满足他们的需求。这其中并没有什么了不起的秘诀，创新的公式就是这么简单。

——拉夫雷、夏蓝

在宝洁，我们经常会问：“谁是你的顾客？”我不断鼓励宝洁同仁要全心全意关注我们服务的男性、女性、儿童、婴儿以及宠物。花时间与顾客相处，了解他们为什么选择或放弃购买宝洁的产品，结果总是让人大开眼界。而去了解他们的生活，让他们在日常家居生活和个人护理上有更满意的体验，也总会给我们带来启发。我自己每个月会至少安排一天亲自去拜访顾客。我每次都能从中获得可以运用在公司业务上的经验。

——拉夫雷

二　目的与价值观

要推出了不起的创新，就不该只是以达成业绩为目标。你必须以改善顾客的生活为理念。价值观能将目的转化为行动。

拉夫雷于2000年6月接任CEO，其时宝洁正处于危机当中。当时其股价在前6个月中已经下跌了50%，公司市值损失超过500亿美元。在接任CEO后第二天，拉夫雷便不得不发布获利预警，告知投资人，公司将无法达成该季的营收目标。公司股价也因为这个消息而再次下跌。

为了让公司扭转颓势并再次向前迈进，拉夫雷回到宝洁成立时设定的目的和价值观。他提醒所有同仁，尽管宝洁的组织信心遭受打击，但宝洁仍然是全球顶尖的企业之一。拉夫雷要宝洁员工思考两件事情：

◎公司的顾客是哪些人群。

◎关键零售商有哪些成长机会。

要在自己的组织中推动创新，合理的出发点可能是回头重新审视公司成立时的目的与价值观。重新找回同仁和公司重视的价值观，聚焦于过去提供给顾客的产品和服务以及如何在这个基础上继续发展。让共同的目的和价值观再度展现活力，从而激励员工朝更清楚、更具吸引力、更可行的目标迈进。

三　高挑战性的目标

目标会影响选择。创新需要设定具挑战性又可达成的目标——只要你努力就能达成。设下适当的成长目标，创新便会水到渠成。

设定目标的挑战在于，要在内部目标及外部目标之间取得平衡，从而让公司占有优势。两种目标同时具备才能促进创新，而目标的明确性和专注也相当重要。

在宝洁，拉夫雷与高层管理团队决定，要先将重点放在可达成的外部目标上，之后再设下积极的内部目标，从而激发大胆的创新并制订具有创意的运营计划。外部目标若能达成，宝洁就将在行业中居于领导地位，这正是公司想要做到的。

宝洁设定了3项外部目标：

◎成长速度是行业和国内生产总值增长速度的两倍。

◎达成两位数以上的营收成长率。

◎先全力以赴实现公司成长，再以并购方式扩张。

四　扎实的策略

策略将达成目标的过程及方法具体化。当你将创新置于组织思考的重心时，对于组织所要经营的领域，你便能做出更佳的决策。

设定适当的外部目标，意味着你的策略也大致决定了。拥有清楚的策略显然会很有帮助，因为它能降低复杂性并避免混乱。策略不仅决定了公司将从事的业务，还能切实指出公司不该投入的领域。

在宝洁，3 项外部目标让公司有了几个简单、明确的策略选择：

（1）宝洁将专注于 4 类核心业务——衣物清洁用品、美发产品、婴儿用品和妇女用品，将使之稳定成长并持续创新。宝洁将更重视它最大的市场、最大的客群和最强势的品牌。

（2）在现有市场上，宝洁的产品组合将向成长快速、获利高以及更有助于资产增长的方向发展。这么做的目的是利用产品创新来达成尚未满足的顾客需求，以此提升顾客体验。

（3）宝洁将积极开发成长快速的发展中国家市场，以低收入消费者人群为目标。在2000年，宝洁的顾客大约有20亿人，而在2007年，其顾客已经超过30亿人，新顾客绝大多数来自美国以外的国家或地区。

任何不符合上述策略目标的产品线都将停产，表现不佳的事业也都被关闭，资源被转而用于扩张策略锁定的市场。

关键思维

◈彼得·德鲁克曾说，企业的目的是“创造顾客”。创新能吸引新使用者并巩固现有使用者的忠诚度，从而创造更多顾客。创新的价值绝对不止于此。如果从上到下都将创新视为企业的核心要务，那么不仅业绩将得到提升，企业经营也将变得更理想：更高的生产效率、更快速的应对、更广泛的员工参与，甚至更有趣的工作体验。员工希望参与成长，而不只是被迫无止境地降低成本。

◆你同样可以成为创新的领导者，而不必非得是市值几十亿美元企业的CEO。不论身在组织中的哪一级，你都可以以创新作为自己工作的核心。就算你对企业整体的影响有限，尽管目标与策略由上级制订，你还是可以在较小规模上发挥影响，包括重新设计工作流程，建立促进创新的架构或是改变组织文化。重要的是你要认识到创新对维持成长的重要性，因此你必须严谨地追求创新，并且毫不迟延地执行。要让你和你的组织有能力扭转局面，创新是唯一的方法。

——拉夫雷、夏蓝

五　独特的核心优势

当你决定进入某个领域后，接下来便要将公司独特的核心优势发挥到极致。创新的组织会投入时间与金钱，使其核心优势变得更加突出。

为了明确核心优势，宝洁先列出了约 150 项潜在优势，然后归纳出 5 项明确的核心优势：

（1）对自己的顾客有深入了解——意料中的事，因为它每年投入两亿美元以上去了解自己顾客的需求。宝洁目前持续开发独有的新方法去扩大这方面的研究。

（2）创建并打造长销品牌——带领旗下各类品牌度过产品周期。2007 年，宝洁已拥有 23 个市值达 10 亿美元的品牌以及 18 个销售额为 5 亿～10 亿美元的品牌。

（3）通过与顾客、供应商合作来创造价值——与零售商、供应链网络建立牢固的伙伴关系。宝洁非常善于把蛋糕做大，而不是去争抢现有市场中最大的一块蛋糕。

（4）灵活利用其规模并不断学习——将某个市场中的构想和见解用于其他市场。宝洁积极分享知识并鼓励合作。

（5）确保创新的活力源泉——在市场上领先群雄已超过170年，并不断推出比其他竞争对手更具创新理念的新产品，同时也乐于和其他创新者合作。

上述各项优势都非常有价值。当宝洁将这些能力结合起来后，其运营模式便发挥出巨大的力量。以宝洁进入高级香水行业为例。1992年，宝洁买下了拥有Hugo Boss、Le Jardin、Laura Biagiotti、Otto Kern和Ellen Betrix（注：均为国际大牌香水厂商）品牌的蜜丝佛陀。其时，蜜丝佛陀年营业额为两亿美元。

宝洁用以下方式将自身的竞争优势运用到蜜丝佛陀上：

（1）以其对顾客的了解来推动业务——仔细界定公司品牌组合中各个香水品牌的目标消费群。传统香水业采用的是制造商主导法，由业者来决定要推出哪些新产品，而宝洁则转为更贴近消费者导向的方法，各品牌新产品都是根据顾客所提建议而推出的。

（2）大幅提升蜜丝佛陀旗下各品牌的价值——让各品牌实现明显差异化并成长为全球性品牌。它使各品牌与其目标消费群的期望密切联系起来。

（3）主推少数几个受顾客启发而开发的创新产品——通常包括全新的香水、出众的包装、令人难忘的营销活动以及卓绝的顾客体验。

（4）与零售伙伴紧密合作——不断提供诱因吸引消费者上门，比如试用全年持续推出的新款香水。宝洁不断努力提供有话题性的事物，让顾客更为热衷。

（5）充分运用其全球供应链——降低产销的复杂性，建立远低于蜜丝佛陀之前的成本结构，使宝洁享有香水行业中的最高获利率。

总的来说，宝洁专注于为蜜丝佛陀找出最适切的运营模式。到2007年，宝洁成为世界上最大的高级香水业者，年营业额超过25亿美元。

核心能力或核心优势的概念不难理解，但是要选出几项具有决定性、能够真正创造长远利益的优势却相当不容易。为什么？因为有太多企业陷入企管顾问所谓当下能力的观念，或是亦步亦趋地追随其他竞争对手或行业的脚步。选择核心优势需要进行深入思考和务实选择，这样才能在行业或市场中获胜。其次还需要好好发挥那几项真正的优势，也就是你已有或是你能得到或建立的竞争优势。确认核心优势需要进行仔细的分析，这是有决断力的领导者的职责。

扭转局面的创新并不只来自大破大立的产品创新，还来自充分运用企业最擅长能力所创造的竞争优势。修正运营模式并不容易，它需要组织高层明显、持续的投入。首先，行业惯例愈是根深蒂固，运营模式的创新就愈难以进行。人人都想安于现状，但是抵制这样的倾向非常重要。其次，要用组织80%～90%的资源全力推动目前运营模式的成长，同时保留少部分资源投入创新模式并测试。最后，要拒绝不必要的妥协与让步：一般人认为妥协是必不可少的，但正是这点点出了未来应该克服的议题。要以这些议题为契机，找出将现行模式加以创新的机会。

关键思维

我们这行其实很简单。消费者就是我们的老板，我们每天必须努力在两个关键时刻赢得消费者的心。第一个关键时刻是在货架上，也就是当消费者决定是买宝洁产品还是竞争对手产品的时候。如果我们在第一个关键时刻胜出，那么便有机会在第二个关键时刻胜出。第二个关键时刻就是当消费者回到家，与家人使用我们的产品，然后判断这些产品是否做到了品牌承诺的时候。只有在这两个关键时刻都胜出，而且天天持续地胜出，我们才能赢得顾客的忠诚，进而让公司实现短期目标与长期目标。而且，我们每天都得在全球180多个国家，在这两个关键时刻胜利几百万次。

——拉夫雷、夏蓝

六　支持创新的组织架构

开放型的企业在现代蔚为主流。必须设计出适当的组织架构和运营流程，使组织能够引进外来的构想并将之商品化。创新的组织架构将成为企业的一项优势。

要为组织设计并选出最合适的架构以激发创新，可参考以下6项评价标准：

◎创新机会是在现有的核心事业中，还是在全新的领域。

◎风险程度、机会大小以及可能需要投注的资源。

◎创新要运用到的现有优势或必须培养的全新能力的程度。

◎预计所需的时间，也就是容许花费多长时

间在创新的研发上。

◎研发团队具备多少与创新相关的专业与实际经验。

◎创新项目目前处于研发周期上的哪个阶段，是在构想、模型、研发、市场测试还是上市阶段？

这6项标准将有助于你思考以下几个最可能出现的问题：

◎研发团队应该与现有的经营团队分离还是统合在一起？

◎员工是否应该投注百分之百的工作时间在创新项目上，又应该有多少其他员工来参与创新？

◎需要取得哪些外部的专业能力？

◎要为创新项目募资，最有效的方法是什么，必要的资源又将从何而来？

◎要使创新有最大机会在市场上成功实现商品化，还必须有哪些部门来参与？

大部分组织之所以无法持续创新，最常见的原因有二：一是缺少持续的资金挹注，二是经理人专注于管理现有业务而没有着手新的项目。要克服这些障碍，可参考宝洁具有创意的构想：

（1）成立了企业创新基金，专门用于高风险、高报酬的创新构想。它提供种子基金来推动创新项目，而且与运营部门的预算分开。

（2）设立了一个由多部门人才组成的团队，名为未来工作室，专门寻找在未来有潜力创造新营收来源的投资机会。未来工作室所进行的项目由运营部门赞助。到了商品化阶段，该部门也能因此而得利。

（3）各个运营部门都有新事业发展团队，专门针对特定的事业项目，如洗衣、家居清洁、肌肤保养等，开发具有突破性、渐进性的创新项目。这样，创新得以源源不断地涌现。

（4）宝洁旗下有个称作外部事业发展的中介部门。它积极为宝洁的各个事业部门寻找外部创新的机会。它找出机会并加以评估，然后与有意和宝洁合作的公司进行协商。

（5）设置了创新热区，模拟居家生活与店内购物环境，由消费者身历其境来测试新构想。这样，宝洁就能够及早获得顾客对潜在新构想的反应。

（6）改变对外部创新的态度，不再如以往一样一味拒绝非公司内部产生的创新，而是更加开放并寻求合作。宝洁对外放出乐意合作的信息，不限对象、地点、时间，这与它过去封闭的做法截然不同。负责外部创新的部门为联系与发展部，它使宝洁得以：

◎采购通过试验的原料，用于宝洁自身的新产品。

◎以全新的方法运用现有科技。

◎观察同类产品并融入新概念。

◎取得直接竞争对手的技术授权。

◎汲取退休员工的专业知识。

◎与各种科技创业家建立关系。

◎运用网络搜索引擎建立人脉。

（7）积极与零售商、供应商甚至直接竞争对手合作，开发值得发展的创新构想。这些外部伙伴是丰富的构想来源，可以使事业做得更好，但这却是大多数企业容易忽视的。宝洁也与有意进入宝洁、已经相当熟悉大众消费市场的其他外部企业共同成立合资事业。

（8）将公司内部网站的一部分空间，拨给名为“问我问题”的研究栏目来使用。如果宝洁员工遇到问题，就可经由“问我问题”对上万名同仁提出，征求他们的看法、经验和构想。事实证明，这个方法有助于应对特定技术创新的挑战以及其他实务问题。

（9）与许多企业一样，宝洁也在世界各地设有许多研发中心，使研发作业能够每天24小时不间断进行。这也意味着宝洁的创新产品会不断地出现在国际市场上。

七 协调一致的制度

创新或许要有创意，但不见得就变得混乱。你必须制订明确的里程碑、标准和评价指标，以系统的方法让构想实现商品化。

创新绝非偶然。每位员工仅是进行分内的工作就已经够忙了，如果还要从事创新，就更难以抽出时间。要促成创新，就必须为公司建立协调一致的制度，把新构想转换为实际成果。

创新制度的架构一般来说有 5 个模块：

◎让创新构想源源不断地出现。

◎建立制度以筛选出最佳构想并实行。

◎为构想指派专人，负责提供研发资金并让构想开花结果。

◎决定让构想上市，推出新产品。

◎建立筛选机制，以在创新过程中的任何阶段，随时剔除不好或不可行的构想。

如果能够建立严谨、健全，而且最好是完全透明的制度，那么你将有机会让新构想转变为畅销产品。该如何建立这样的制度，要视你的公司和公司文化而定。另外你也可以任命一位创新经理人，给予他适当的预算，让健全的创新制度持续发挥作用。

创新经理人最重要的工作就是扮演教练的角色，他必须做到以下 3 点：

◎诚实地评估新构想的商业潜力。

◎提供各种可用的资源与协助。

◎鼓励坦诚的对话，讨论新构想是否可行。

宝洁发现，举办年度科技展很有帮助。员工能借此发表他们的初步构想，还可寻求事业部门赞助其研发。科技展是使创新构想从组织基层浮现出来的绝佳机会，否则它们就容易湮没在日常的例行工作中。

在组织预算或运营计划中明确地将创新支出编列进去也是个好方法。当经理人毫不含糊地指出他愿意在本年度花费多少经费，以便在 5 年后赚取营收时，就明确地传达出组织认真看待创新的信息。这种透明的方法也能让大家相信，公司会给予创新所需的资源和关注，使之开花结果，而不是让创新埋没在日常运营的问题和压力之下。可想而知，各个事业部门所拨出来的预算愈多，就会有愈多创新项目产生。

创新永远有风险，而找出将风险系统地降至最低的务实方法，是任何经理人都必须处理的要务。以下是可以有效管理风险，将风险降至最低的 8 种方法：

（1）了解你的顾客——巨细靡遗地了解他们的需求，你才能及早发现失误或错误。你必须非常确定自己所发展的新构想正是顾客所想要的。创新是否有价值，决定权永远在顾客手上。

（2）做出产品模型——做出产品的雏形，试探顾客的反应，并且要有修改重做的心理准备。最后研发出各方面都恰到好处的产品。要及早将构想转化为实际产品。

（3）进行多次严谨的消费者测试——判断上市的时机是否成熟。测试一定要考虑到市场上的相关产品以及促使顾客购买的动机。尽早判断消费者是否会购买你所研发的产品。

（4）同时进行多项创新项目——不要把所有鸡蛋放在同一个篮子里。风险程度（低、中、高）不同的项目数量，和能够上市（短期、中期、长期）的项目数量之间要取得平衡。不要在单独一项创新上孤注一掷。效仿创投家平衡风险的方法，随时都要同时发展多项构想。

（5）要勇于尝试——打造独有的空间，让成员尽情尝试各种新构想并进行测试。要让大家能够暂时从例行公事中脱身，做各种不同的尝试，亲自验证哪些构想行得通。

（6）及早看出任何潜在的“致命问题”——终

止那些显然不会受市场欢迎的项目，把资源留给更有机会成功的项目。这也能让你更明确地判断各项项目的优先顺序。IBM 创始人托马斯·沃森有句名言："要想成功，就要让你的失败率翻一倍。"把这句话当成你的座右铭吧。

（7）吸取教训——让创新成功和失败的团队领导人都提出报告，分析可行与不可行的原因。不要把创新项目看成单一项目，要把从中学得的教训融入到未来要执行的新项目中。先切实了解哪些方法在现实中不可行，再以此为基础，让未来的项目愈来愈容易成功。

（8）运用合适指标追踪创新进展——所有运营流程都必须有完善的评价指标并且被广泛应用。创新要随时间不断评价并修正，方法如下：

◎用看待投资组合的心态来看待创新。

◎制订严谨的项目目标与里程碑。

◎追踪有多少创新能够成功上市。

◎评估有多少创新为公司创造了价值。

◎追踪有多少创新负责人获得晋升。

重点是，创新是可以用评价指标来追踪的，这和人们的普遍印象相反。一定要订出合理的评价指标，并且时时追踪创新项目的表现。

关键思维

达成创新是一种社会化的过程，与许多企业常用的项目管理那种机械化流程不同。创新模式不会只有一种。同样，也没有哪一种组织架构是可以通用的。这听来好像没什么帮助，但重点是你必须设计并建立起一套符合运营策略与创新模式的组织架构。

——拉夫雷、夏蓝

八　上下一心的组织文化

组织文化是成员日常行为的反映。创新导向的企业具有乐观进取的态度、反应灵敏，能迅速适应持续创新所带来的变化。

创新一向是团体活动。实际上，那些孤僻天才关起门来埋头苦心研究，最后得出惊天成果的老掉牙故事不过是一种神话。要系统地持续促成创新，就必须让探索未知领域的行动变为日常运营中不可或缺的一部分。换而言之，你必须将创新的方法融入企业文化之中。

构思有趣的新构想只是创新的第一个层面，第二个层面是结合许多好构想发展出更杰出的构想，第三个层面是将构想付诸实施。这就是为什么创新被称为团体活动。

成效卓著的创新团队成员通常会明确分工：

◎构想产生者——概念的思考者，会将想象力发挥到极致。他们能够看出事物之间的联系，完全不受约束地想出新构想。

◎项目经理人——负责统筹所有事物，确保产品准时上市。项目经理人必须善于处理人际关系、严守纪律并能留心细节。

◎团队领导人——必须是务实的梦想家。他必须营造适当的团队环境，使团队成员能够自由地畅谈他们天马行空的构想，然后进行严谨的试验，看构想是否可行。

团队如何组成以及组成后如何凝聚，则取决于公司通常采取什么样的运作方式。例如苹果公司等企业，有时会将员工从各自的工作岗位上抽调出来，组成“臭鼬团队”；而有些企业则会成立常设的研究中心，不断思考新的构想。

宝洁则运用了以下两种方法：

◎设立了专门进行创新的场所，名为黏土

街——其功能一方面是智库，另一方面则是演练沙盒。宝洁的高级主管确认需要解决的问题后，会找来 8~12 位各类专业人员组成团队，到黏土街专心处理该问题。团队成员在黏土街进行为期数周的项目工作，全心投入，设法想出解决方案。宝洁已通过这个方式构思出多项突破性构想。

◎广泛运用整合的方式——将研究同一议题的多个团队整合起来。例如，宝洁成立了帮宝适婴儿用品研发中心，将先前各自为政的各个婴儿用品部门整合在同一部门之下，让所有人都能在同一时间得到同样的信息，从而使意见、想法的沟通不会因为层层传达而出现差错。这样做也可以让成员相互激发构想，营造出新构想得以不断产生的环境。帮宝适婴儿用品研发中心每年进行超过 400 项研究，努力找出市场的甜蜜点。这种方式的成效，从帮宝适现在是年营业额 70 亿美元的宝洁旗下最大品牌就可以看出来。

营造鼓励创新的企业文化需要时间和精力的

投入。文化就是人们的日常行为模式。要改变文化，你就必须改变行为。要从小处着手，一点一滴地改变。营造创新的企业文化，要聚焦于以下4点：

（1）创新的勇气——鼓励大家提出新构想，制造出原型，然后再测试这些构想，观察结果是否可行。如果你能从失败中吸取教训，而不是去惩罚相关人员，大家就会更积极地提出各种创新、大胆的构想并进行尝试。

（2）同心协力——让临时或非正式的创新小组能方便地合作，构思有趣的创新构想。如果构想具有发展潜力，就正式成立创新团队，并让这些成员通过自己的人际网络为创新团队挑选最佳成员。

（3）好奇心——鼓励大家不断寻找新的可能性、相似点和象征意义。要求成员超越问题的表象，直捣核心。专注于有待解决的问题，然后再看看加进其他新方法后结果会如何。

（4）开放性——欢迎各种新构想，不限对象、地点和时间，要让来自组织各部门的新构想都能够毫无阻碍地浮现出来。对那些努力提出商品化创新的成员，要给予奖励和认可。要让组织成员了解到公司欢迎并珍视员工提出的创新构想。不要排斥公司外部产生的构想，要换成“我们以应用、再应用为荣”的心态。成员思考新构想不仅是被允许的，而且应该受到重视。让所有人都把创新列为要务，并且展开双臂欢迎它。

九　魄力十足的领导人

领导人能够将所有的创新力量凝聚起来，激励成员向前迈进。适合的领导人必须在可能性与务实之间取得平衡，并把创新视为系统的流程。

能扭转局面的创新领导人肩负了3项重要的责任：

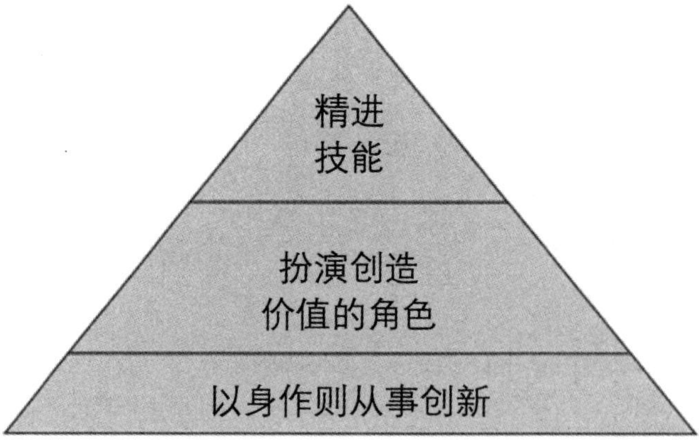

（1）必须以身作则，带动创新文化——让大

家起而效仿。领导人必须具备合作精神、人脉关系、好奇心、开放的态度和勇气，使创新文化能够生根发芽，茁壮成长。

（2）必须担负起舍我其谁，唯一能创造价值的角色——明确来说也就是以下4项任务：

◎为组织的未来规划出只有经由创新才能达成的愿景。

◎鼓励大家尝试新构想，就算最后失败了也不要紧。

◎将创新融入日常的例行工作中，而不是仅此一次的个案。

◎确认创新团队所进行的项目有相当机会能在市场上受欢迎，以此促成理想的成果。

领导人在上述角色上的表现关乎组织能否形成创新文化。

（3）必须精进个人技能——并且能够在创新上居于制高点掌控全局。领导人必须勇于进行有风险的新尝试，就算这些尝试多半无法成功。

此外还必须建立人脉，将新的构想整合到现有的运营工作当中。总的来说，领导人只有同时具备理性和感性，才能让理想的创新成果源源不断地出现。

如果希望自己的组织更具创新力，你就必须建立未来创新团队领导人的培训机制。要建立这样的培训机制，有以下4个模块：

（1）定期进行正式的绩效评价——静下心来系统地评价员工在创新项目上的表现。设计出用来持续评价工作绩效的计分卡，运用绩效评价和计分卡来决定人员升迁。积极提拔那些展现出创新能力的人才。

（2）及早找出有潜力担任未来创新领导人的人才——并向他们交付任务。从一开始就让他们进行历练。让他们在愈来愈重要的项目上展现促成创新的能力。要让创新领域上的杰出人才有机会崭露头角。

（3）提供扎实的研发经验——建立支持机制，

协助未来领导人强化他们的技能。最需要建立的支持体系通常如下：

◎由其他创新领导人进行一对一的指导。

◎鼓励成员参加正式的训练课程。

◎向成员交付适当的任务以积累相关经验。

（4）公开奖励并认可创新人才——奖励方式要能受到大家的瞩目并激发有志者效仿。宝洁以帮宝适免洗尿布的发明人命名，成立了维克·米尔斯社团。当宝洁员工展现杰出的创新能力时，便能获得提名并成为维克·米尔斯社团的会员，这在公司内代表极高的荣誉。宝洁也会每年颁发成本创新奖，奖励在该年度中通过创新为公司创造出最多价值的团队。高级主管会全数出席颁奖晚宴，向得奖人致敬。这些方法在宝洁相当有效，而你的挑战就是要营造类似的机制，奖励那些为组织构思出创新构想的成员。

关键思维

◆要达成持续的自发性营收和获利成长，就必须让创新成为公司的核心要务。无论如何，实现这个目标是你身为领导人的责任。我们深信，创新领导人不是天生的，而是后天培养出来的。

◆创新文化会促成开放心态和好奇心，既有利于与供应商和顾客建立联系，成员有问题时也能够坦承："我有个问题无法解决，有谁能帮忙？"在这样的文化氛围中，成员以创新为使命，会想着超越常规。要形成创新文化，还要有适当的机制与工具，将各方面的专家凝聚成高效率的团队。

◆随着愈来愈多的人视创新为企业成长的动力，许多企业也都设置了一个总监级别的新职位，那就是创新总监。增加这个职位的企业明显变多了，包括花旗集团、可口可乐、箭牌口香糖等。然而，宝洁却决定不另外设置创新总监职位。事实上，拉夫雷就是集团的创新总监，他与技术总监以及集团中分别担任各事业部门总监的总裁密切合作。

◆宝洁的目标是打造能持续实现创新的组织架构。要达到这个目标，各事业部门领导人都需身体力行。宝洁不认为有必要另外任命一位高级主管来负责事业部门领导人原本就该做的工作，也就是带领其部门实现创新与成长。事实上，宝洁认为设立新职位会造成新的门户之见，反而走错了方向。理想的目标是将创新整合到运营事业中并且和各事业部门的职责整合起来。

——拉夫雷、夏蓝

未来需要的 6 大人资力

HR from the Outside In

Six Competencies for the Future of
Human Resources

原著作者简介

戴夫·尤里奇（Dave Ulrich），美国密歇根大学商学院教授、RBL 集团合伙人。专门研究组织如何培养领导力、学习力与责任力，已发表 200 多篇学术文章并出版 25 册著作。

荣恩·杨格（Jon Younger），RBL 集团合伙人。专精于领导力发展、企业学习、人员招募、绩效、人才管理与接班计划。

韦恩·布鲁克班克（Wayne Brockbank），顾问、高级管理教育者。曾任密歇根大学商学院教授及全球各大企业顾问。

麦克·尤里奇（Mike Ulrich），研究方法与统计分析专家。曾协助众多企业进行商业筹划并负责统计项目。

本文编译：许恬宁

主要内容

5分钟摘要　人资新标准 / 137

轻松读大师
一　策略定位者 / 140
二　可靠行动者 / 147
三　能力建设者 / 152
四　改革拥护者 / 157
五　创新与整合者 / 162
六　科技拥护者 / 167

5分钟摘要

人资新标准

传统意义上，人资专注于行政与员工关系，现在则转为更加关注企业的真正驱动力——能力、公司文化、领导力、人才与变革管理。

人力资源（以下简称人资）这一行接下来将走向何处？

从专业人资联盟25年来的研究看，未来的人资视角将从由内而外转变为由外而内。人资专注的焦点将不再是内部流程，而是业务绩效的关键驱动力，如策略、主要利益关系人的期望以及企业的运营环境等。

由外而内的人资的前提是人资业务就是企业本身，人资的工作就是把公司策略与人资联系起来。人资必须创造并提供真正的商业价值。

在未来，优秀的人资专业人士将扮演：

◎策略定位者——了解全球形势。

◎可靠行动者——说到做到。

◎能力建设者——强化组织力量。

◎改革拥护者——打造竞争力。

◎创新与整合者。

◎科技拥护者。

未来需要的6大人资力

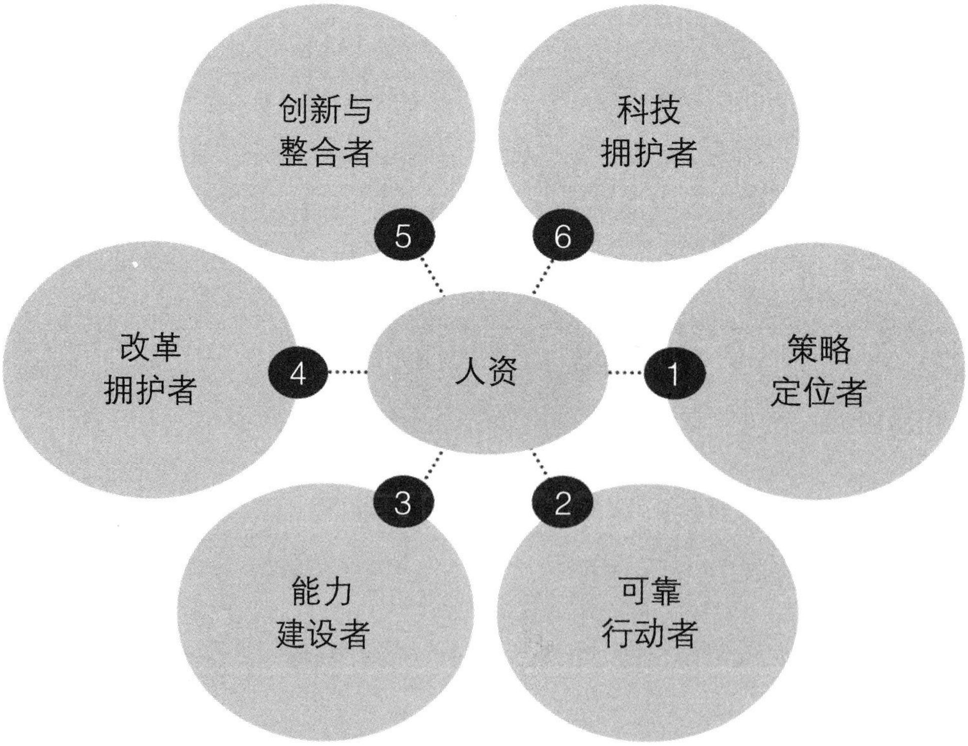

关键思维

专注于公司业务的人资能为公司持续带来有意义的价值。专业人资只有把公司业务当成自己工作的基础，才能由外而内地进行思考并采取行动。

——戴夫、荣恩、韦恩、麦克

轻松读大师

一　策略定位者

专业人资要有优秀表现，就必须了解全球商业形势，把潜在趋势解读为实质的商业意义。除了解自身所处行业的架构和逻辑之外，还必须了解市场的潜在竞争动态，为自己的公司拟订精准的未来愿景，同时把经营策略具体化为年度业务计划与目标。

未来需要的 6 大人资力

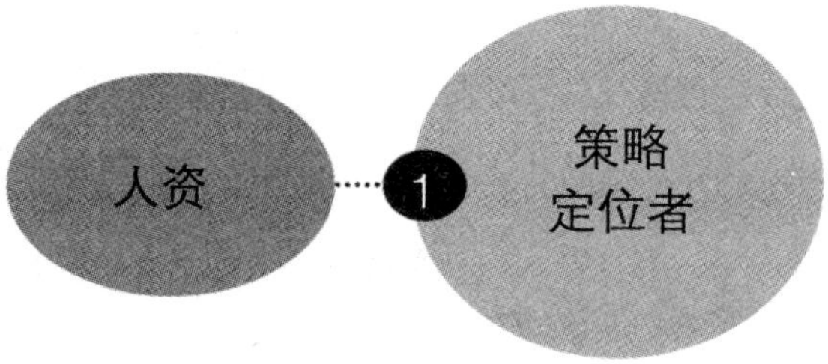

要成为一位策略定位者，就必须实实在在、

彻彻底底地了解公司的整体业务。策略定位就是定位自家企业，让其能够预测、应对外部潜在形势。专业人资必须具备以下 4 个层面的能力：

◎牢牢掌握企业经营原则，特别是财务方面的原则。

◎能够辨别、提出并制订经营策略。

◎了解如何为外部利益关系人创造价值。

◎知道如何应对企业外部潮流与形势。

许多人进入人资领域，却回避学习基本的财务知识，因为他们不喜欢数学或财务计算公式。事实上，除非学习商业语言与概念，否则你将没有足够的学养涉足专业以外的领域。要带来价值，就必须参与所有经营对话。

专业人资的挑战在于如何成为策略定位者。如果无法读懂与解释财务报表、贡献策略、掌握服务外部利益关系人的方法并应对行业潮流，那么你就无法参与高级管理层的讨论或是提出有用的意见。要成为货真价实的策略定位者，就必须留意以下 3 方面：

（1）诠释全球形势。要带来价值，就必须敏锐关注全球复杂的商业环境。你必须了解商业语言，而且必须是个通才，不能只局限于人资本身。一旦精通商业语言及其逻辑，你就可以与关键利益关系人建立联系，让自己所做的事与他们的优先要务及利益保持一致。此外，你也必须了解商业形势，如社会趋势、新科技的意义、一般人口统计等，让自己有能力预测未来并提前做好准备。

（2）破解顾客期待。专业人资还可以用另一种方法带来价值，那就是去理解顾客购买的真正理由。你必须回答以下问题：

◎我们目前的顾客是谁？

◎我们的顾客重视什么，他们为什么向我们购买？

◎我们如何进一步与他们保持关系？

人资如果能与组织内其他部门一起合作（例

如销售或营销部门），共同建立顾客关系，那么就能产生一股合力，帮助公司在未来稳操胜算。一旦了解顾客以及他们的期待，你就能更密切地参与并促成组织应对。

（3）共同拟订发展策略。传统上，在参加经营策略会议时，人资只是讨论如何执行公司正在考虑的策略。要在今日带来更多价值，人资就必须进行充分准备，利用熟知的情况，协助公司制订发展策略。人资必须做到以下事项：

◎找出未来商业成功的契机。

◎找出方法，用简单的方式表达复杂概念。

◎发现风险并协助管控。

◎就关键经营议题提出不同见解。

◎把经营策略转变成人资方针。

◎协助塑造、发展企业文化。

今日，专业人资在协助公司拟订发展策略时，扮演了 3 大独特角色：

◎说故事者——说故事的效果非常惊人。好

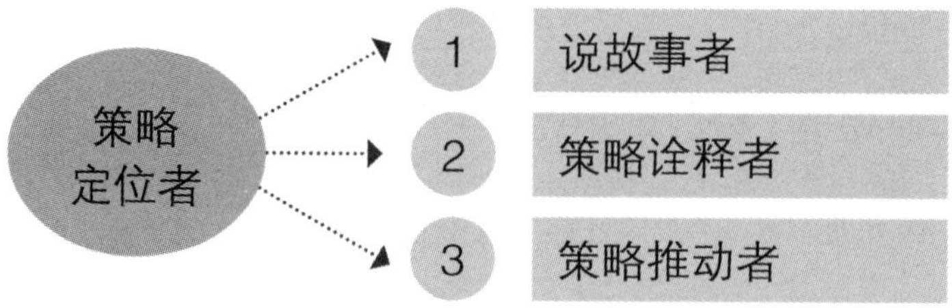

的故事可以简化经营策略，用每个人都能理解的方式说明复杂的要求，从而在人们心里留下栩栩如生的画面。策略故事如果说得好，会给人留下一些令人难忘的重点，使之最终化为行动。如果你不只是放放PPT，还能够想出并讲述令人印象深刻的故事，那么你就能直达听众的脑袋与内心。

◎策略诠释者——人资的最终目标永远是把经营或组织策略转化为人才、文化与领导力。这项工作不可能一步到位，专业人资必须有能力提出深刻的问题，并在策略演进与发展的过程中提出替代方案。如果能在新策略即将成形的时候，从人才、公司文化与领导力的角度公开探讨其中的联系，你就能协助制订发展策略。

◎策略推动者——高绩效的专业人资可以通过清楚说明必须达成什么样的决议、由谁来决定以及必须完成的时间，来促成顺利拟订新策略。他们可以确保正确人士都在场，并且清楚传达顾客心声、帮助进行策略性决定，而不只是讨论模糊的概念。你还可以通过协助后续事宜及确认员工履行承诺，来为相关讨论带来价值。

关键思维

◆高绩效人资专业人士总是采取由外而内的方式来思考并采取行动。过去25年来，从了解企业财务、调整策略以服务利益关系人，一直到应对企业所面临的形势，这个由外而内的概念不断演进。

◆扮演策略定位者的专业人资，可以协助组织找到自己在大行业环境中的位置。这里的定位是指正式的产品、服务以及非正式的声誉，侧重在辨识、预测以及运用潜在趋势以创造未来上。

定位需要靠灵活性和适应力来发现及运用。

◆了解商业语言，与利益关系人建立关系并掌握形势，可以帮助你诠释全球商业环境，找出公司在全球市场中的位置。

◆我们之中大多数人都曾使用某种全球定位系统，找到自己在地球上的位置。同样，身为策略定位者的专业人资，也应该协助组织了解面对商业趋势与利益关系人时，自己的定位在哪里，同时协助组织预测、辨识顾客的期待，并推动策略的制订。专业人资一旦具备了这些能力，便能建立个人信誉。

——戴夫、荣恩、韦恩、麦克

二　可靠行动者

专业人资必须说到做到，成为可靠的改革行动者。如果你的诚信以实际成果为基础，你就能享有专业信誉并带来正面的“化学反应”。接下来你就能在企业议题上占有一席之地，人们会相信你的选择是基于可靠的资料和缜密的分析。

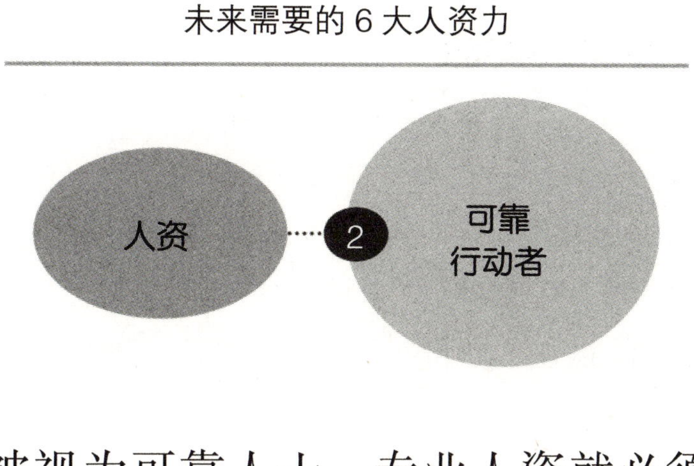

要被视为可靠人士，专业人资就必须对企业的优先事项做出贡献。相较于过去，今日人资需

要更加主动地采取行动而且消息灵通。

整合以下4要素可使专业人资采取可靠的行动：

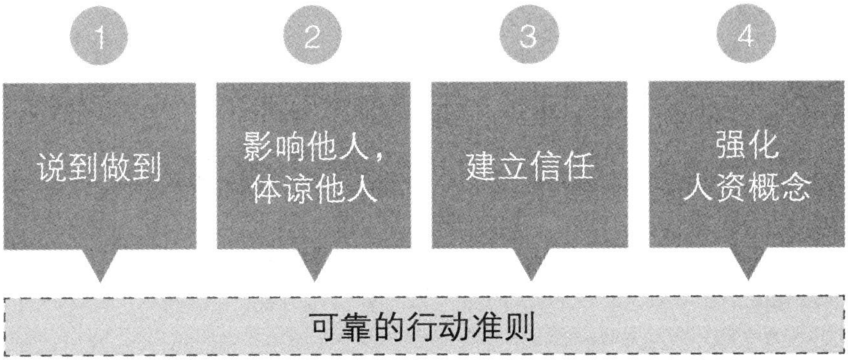

（1）说到做到。高绩效专业人资可以靠以下方法赢得信任：

◎设定清楚的组织绩效目标——并视情况需要，随时灵活调整。

◎达成承诺——在期限内提出正确解决方案，并且仔细留意细节。包括主动解决突发的新问题与克服障碍。

◎展现诚信——制订企业文化愿景，并依据员工、供应商、合作伙伴与顾客知晓且重视的道德规范来为人处事。优秀的专业人资会强化组织的道德规范。

（2）影响他人，体谅他人。有效率的专业人资会建立广泛的内部、外部关系，从由外而内的视角应对挑战。要建立更高的可信度，你必须：

◎帮助部门经理了解在他们的计划和优先事项中，人资所代表的意义。

◎提出务实的方法帮助人们节省时间——沟通方式要简洁。

◎了解如何提出反对意见但又不会造成冲突。

◎必要时愿意代表组织承担适当的风险。

（3）建立信任。看到专业人资以系统的方式努力提升自己的时候，组织内其他人会认识到提升自我是职涯管理的重要内容之一。成功的自我提升一般包括 5 个方面：

◎认识到改变的必要性。

◎设定改变的特定目标及时间表。

◎采取行动时提供协助。

◎持续监督进展。

◎取得企业导师的协助，由他确认进度。

如果渴望建立信任，你就必须让自己善于辅导，并学会使用最佳人资工具，如能力框架、实践社区、教练计划以及企业导师等，让自己在学习与自我提升领域拥有卓越技巧。

（4）强化人资概念。可靠的行动准则要求专业人资不仅要知道“我们的公司如何做事”，还必须知道其他组织的专业人资如何创新与解决问题。你可以采取以下行动强化人资概念：

◎积极参与专业人资的组织，包括实体与网络组织。

◎辅导人资部门同事，让他们提升自己的技能。教别人也会刺激自己多学习，因为最好的老师也是最好的学习者。

◎投入时间与精力，建立强大的外部网络，让自己能够快速搜集将来会派上用场的精准信息。

◎积极参与人资领域活动，取得其他信息来源。广泛阅读，充分掌握信息。

关键思维

如果专业人资能把时间与心力投注在重要的企业议题上、善尽自己的义务与承诺、与部门经理及其他同事建立信任关系，并且为了替公司创造价值，愿意承担专业与个人风险，那么他就能够建立信誉。

——戴夫、荣恩、韦恩、麦克

三　能力建设者

有效率的专业人资能够长期协助组织打造自己的能力，帮助经理人创造价值，确保组织的能力培养计划能反映员工的深层价值观并与之保持一致。

未来需要的6大人资力

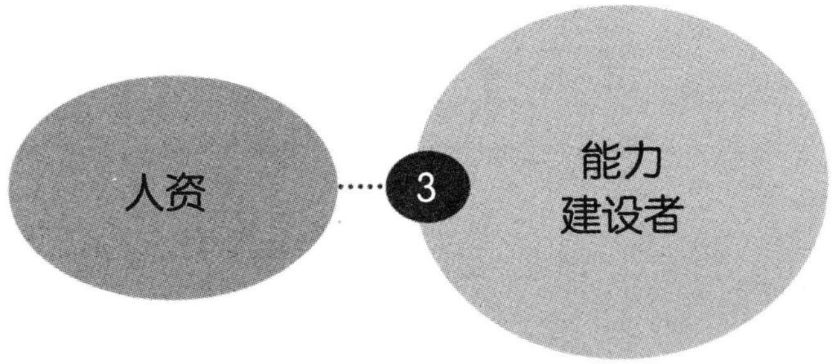

人资的一项关键工作就是协助打造组织能力。如果能界定、诊断并提供确保组织成功的相应关键能力，那么你将创造出超越领导人任期的

历久不衰的企业资产。

组织能力有各种形式，但最重要的是以下 7 种：

◎执行策略。

◎驾驭创新与改革。

◎吸引、留住、激励人才。

◎充分发挥公司文化。

◎协助获利，创造价值。

◎培养未来领袖。

◎管理公司。

自 20 世纪 90 年代以来，打造关键能力一直是人资的优先要务。要界定并提供相应能力，必须事先拥有适当的资源、优秀的公司文化以及有效的业务流程。

专业人资可以在以下 3 个领域成为能力建设者，协助打造理想组织：

（1）进行能力自查。针对组织目前相关必要能力的状态提供精确信息，帮助公司前进。组织

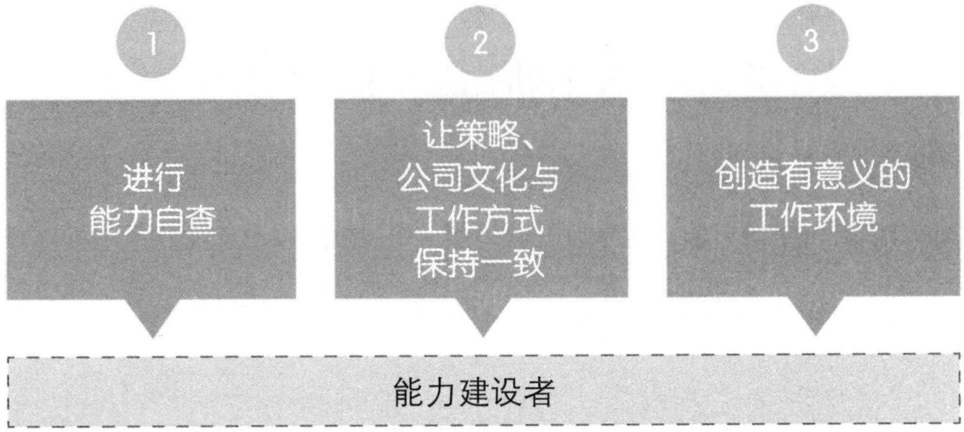

能力自查可以发现组织的弱点在哪里以及未来发展时应该把精力放在何处。把公司的目标能力跟世界级的公司相比较，可以帮助找出改善的方法。从能力的角度进行组织自查，可以让未来的发展计划更加聚焦并因此更具生产效率。

（2）让策略、公司文化与工作方式保持一致。大部分员工都真心想创造价值，并且为此努力不懈。如果你能让他们的工作符合业务目标与评价指标，那么他们就有机会高效率地完成工作。要做到这点，请回答以下问题：

◎我们的企业今日处境如何？

◎我们必须顺应哪些重要商业潮流？

◎我们的商业模式拥有哪些策略性方针？

◎我们的组织必须擅长哪些事项？

◎人资的优先事项是什么？

◎谁应该在什么时候做什么？

◎我们要如何评估进展？

（3）创造有意义的工作环境。员工想做有意义的工作。你如果能协助他们从自己的工作中找出个人意义，那将带来大量价值。提升意义的方法包括：

◎协助人们清楚表达他们想以什么方式赢得名声。

◎鼓励员工建立人脉。

◎分享信息，信息要透明化并设定标准。

◎为组织愿景注入情感。

◎设定适当的工作挑战。

◎协助人们从自身的成败中学习。

关键思维

◆专业人资通过各种方式协助打造理想的组织，包括重新安排工作让组织更具效率，通过组织设计选项清楚定义工作角色与责任，通过组织自查整合制度或通过文化自查来界定并培养相应能力。组织能力代表组织的名声、组织擅长的事项以及组织如何规划活动以提供价值。我们欣赏组织是因为它们的能力，而不是因为它们的效率、架构或制度。

◆身为能力建设者，专业人资深刻了解整体比部分重要，组织特色会比任何单一领导人的任期持久。你走进一家公司时所感受到的氛围未必是偶然出现的，它可能是持续实践理念的结果。

——戴夫、荣恩、韦恩、麦克

四　改革拥护者

高绩效专业人资会培养组织改革的能力。他们依据市场现状找出应该改变的地方，并且提出流程推动相关改变，然后让关键利益关系人共同参与，从而克服改革的阻力。

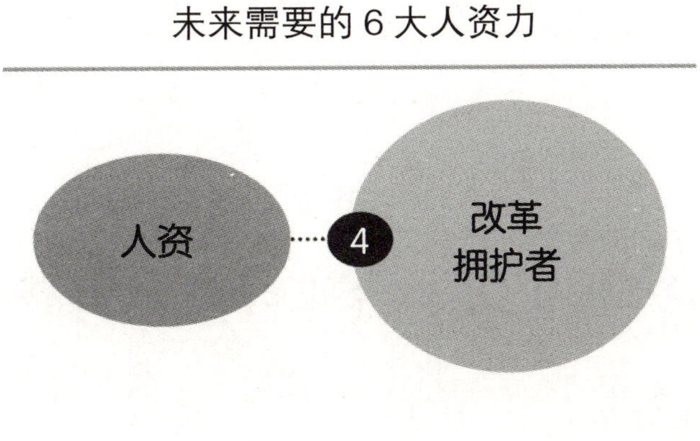

专业人资的一项关键工作是协助组织应对变化。组织必须灵活且具有弹性。据估计，只有 20%～25% 的组织改革方案能够成功实施。

如果能找出过去尝试的失败原因并从中学习，那么你就可能创造出非凡的成果。

要成为改革拥护者，你必须建立起可行且可靠的改革流程并且制订必要的纪律，以保障改革方案最终能够成功实施。更确切地说，要实现成功的改革，你必须：

◎确定领导阶层支持改革方案。

◎提出可行的改革方案，说明改变为什么可以带来价值。

◎想象成功的景象，然后简洁扼要地表达明确的结果。

◎让每个相关人士都支持你的方案。

◎清楚说明改革方案必须达成哪些成果。

◎将改革整合进公司的技术、制度和流程之中。

◎持续改进、调整蓝图，从经验中学习。

要成为成功的改革拥护者很简单，只要做到两件事：

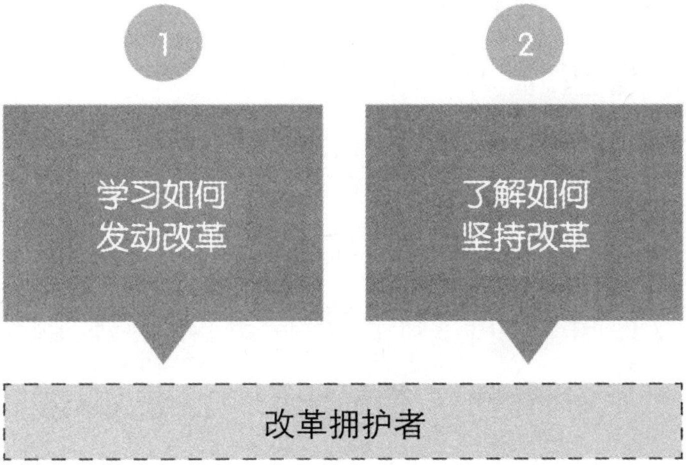

（1）学习如何发动改革。不管是什么样的改革方案，开始总是困难的。跨出最初的几步让事情动起来永远是项挑战。要成为改革拥护者，你必须：

◎确保所有关键领导人都支持正在推动的方案。

◎帮助人们了解为什么改革很重要。

◎营造紧迫感。

◎找出阻力来源并克服。

◎表达明确的结果。

◎说服关键人士。

简而言之，你必须明确说明改革的重要性，具体指出哪些地方需要改变以及应该由谁负责。如果你能把复杂的挑战变成进步的契机，那么你就能在幕后出力，确保组织内部发生变革。

（2）了解如何坚持改革。简单来说，要坚持改革就得坚守计划，贯彻到底。你必须确保必要资源都到位并监督进度，然后在必要的时候进行修正。要坚持改革，你必须：

◎保持简单——专注在几个关键选项上。

◎鼓励领导人在改革上投入时间。

◎让每个人都为自己的成果负责。

◎提供教练和导师从旁协助。

◎追踪进度并使用可靠的评价指标。

◎百折不挠，同时也从错误中学习。

◎对改革方案充满热情。

关键思维

◆改变正以指数的速度发生着。改变发生在

职涯的每个层面。在科技的助力下，定制化服务、信息扩散、顾客与员工的期待和组织改造都在加速发展。因为通过网络更容易取得新知识，知识的半衰期也大幅度缩短。企业也正在经历剧烈变化。1955年的《财富》500强企业在56年后，只有70家仍然独立存在。其中半数以上看似非常稳健的大企业在2000～2009年的短短10年间消失了。专业人资应该协助公司以开放的态度来面对、接受改变带来的压力，而非逃避。

◆当专业人资把自己发动改革及坚持改革的能力应用在个人、倡议以及组织层面上时，他们就成为改革拥护者。在此过程中他们必须不断学习，掌握组织内的非正式规则，从力所能及之处开始，赢得初步的胜利，然后建立盟友，随时试验与学习，并对改革之路保持乐观。

——戴夫、荣恩、韦恩、麦克

五　创新与整合者

聪明的专业人资会利用创新且具生产效率的方式，使人资的工作和资源安排配合公司的预期业务目标。他们以身作则，确保打造、维持组织的能力。管理层也能从中认识到人资对于整体业务成效的影响。

未来需要的6大人资力

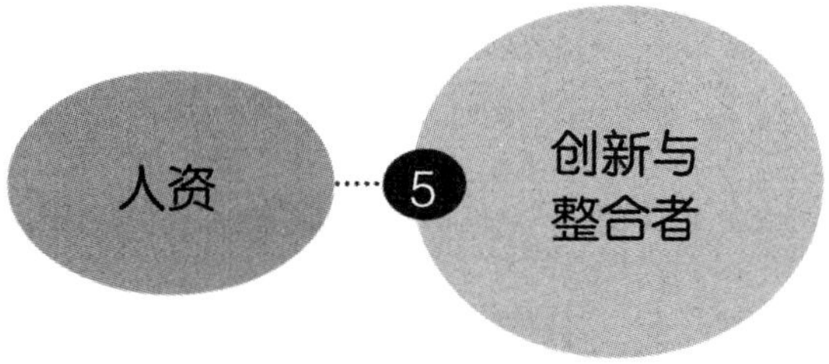

确保组织拥有适当的人才与适当的领导力，推动组织前进与成长，一直是人资的职责。人资必须吸引、训练、留住能干的员工；找出领导人

并把他们放在正确的位置，让他们磨炼、增进自己的技能。

人资作为创新与整合者的5项核心任务为：

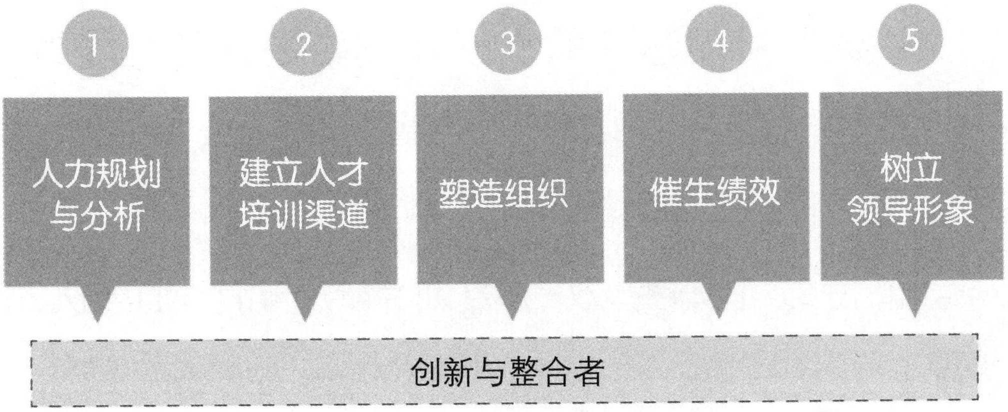

（1）人力规划与分析。要让组织的人力资本发挥最大效用，就必须找出目前能够取得的技能，并针对组织未来的需求进行规划。为此，你必须：

◎定义组织目前的关键策略。

◎评估目前策略的优缺点。

◎规划或建设未来需要的能力。

◎安排相关改革程序。

（2）建立人才培训渠道。人资的一项关键工作就是培养员工未来成功必须拥有的技能与人际沟通技巧。这包含4项内容：

◎找出未来达成工作的必要技能，制订员工必须达到的标准。

◎评估目前达到的程度并开始提升员工能力。

◎通过聘用、培训、借调、裁员或留住人才等方式，投入资源增大人才数量。

◎持续追踪绩效、培训活动与计划的执行状况。

（3）塑造组织。组织不只是组织架构图上的方框。高效能的组织拥有工作规范，并通过人际关系以及明确的沟通加以强化。每个人都必须了解自身正在努力达成什么，需要哪些能力以及如何运用这些能力。这类信息需要广为散布，让每个人都能了解并运用。时时进行自查，了解你的沟通成效。

（4）催生绩效。你必须预先设定评价指标，让员工能够评估自己的表现并进行相应改变，同时了解改变带来的成果，否则员工只能盲目地前冲。你有一部分职责是表彰优秀，提供反馈意见，奖励优异绩效。你必须主动指导员工让他们更好表现，协助他们提升技能并在新的策略需求出现时，调整绩效标准。在上述事项中，人资都发挥着重要作用。

（5）树立领导形象。你的组织需要能够掌控全局的领导人，让公司在未来脱颖而出。换句话说，领导人必须了解领导规则，同时又要树立独特、强劲的领导形象。此项工作包含6个步骤：

◎说明——提出商业案例，说明领导人的重要性。

◎论述——评价领导人目前的优点。

◎评估——依照合理的标准评估领导人。

◎投资——建设组织的领导能力。

◎评价——追踪领导力建设的成效。

◎认识——评估综合效果，创造改善机会。

关键思维

人们期待人资的创新，尤其是在人才培养方面。人资必须充分整合创造能力，培育企业文化。创新应具备原创性，可从组织外进行改造或是推广组织内个别部门采用的新方法。同时，人资还需要塑造公司文化，通过整体作业或整合进行——特别需要强调一致性。

——戴夫、荣恩、韦恩、麦克

六　科技拥护者

运用新科技来提高人资业务效率一直是人资的传统。目前就有两项必须特别留意的科技应用：一是通过应用社交媒体来增加联系，二是广纳各界信息，将其整合成可用知识来协助制订重要决策。这两项应用都能够提高公司运营效率并创造重大价值。

未来需要的6大人资力

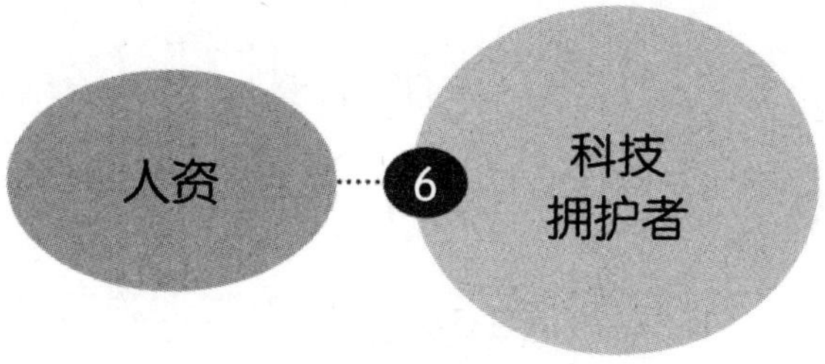

成为科技拥护者的3大任务为：

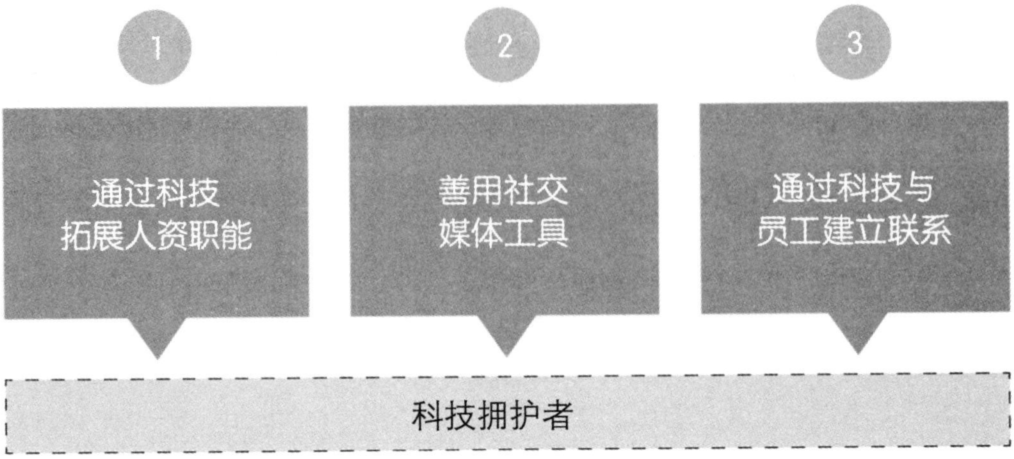

（1）通过科技拓展人资职能。你可以利用组织管理系统自动执行发薪工作、绩效考核及追踪员工福利，但这只是小试牛刀。你还可以把员工资料、组织角色、工作流程数字化。网络解决方案中，思科的人资系统鼓励员工维持健康的 BMI 指数，美国运通公司的人资系统让员工可以自行换班而不必经过上司批准。其他方法还包括建立技能状况资料库，记录每位员工执行不同任务时的技能水平，从而让经理人在挑选项目成员时可以进行参考。绩效考核也可通过人资系统浏览，它保持公开且更新迅速。更多人资应用软件正在开发当中，未来使用范围将会更广泛。

（2）善用社交媒体工具。研究显示，把社交媒体当成与顾客合作的平台，借以改善自身流程的组织不到 5%。已经运用社交媒体的公司则做了一些有趣的事。它们利用推特吸引潜在人才，用视频与博客传播公司使命，并用脸书联系员工与顾客。如果能充分运用社交媒体，你就会领袖群雄。过不了几年，所有组织将无法再忽视社交媒体平台。

（3）通过科技与员工建立联系。了解信息科技后，你可以构建全方位沟通策略与信息架构，就像高绩效公司所做的一样。这个架构的元素包括：

◎识别——即时找出关键市场信息并告知大家。

◎输入——将关键市场信息带进公司供大家使用。

◎排序——标示有用信息并删除无用信息。

◎散布——与所有人分享信息，激发新想法。

◎运用——运用信息进行决策并付诸行动。

◎形象——进行内部决策并加以沟通，树立形象。

那么，人资的未来要走向哪里？

（1）将在大部分组织中扮演更多角色——人才真的很重要。人资将参与新兴市场的人才培养，增强女性在高层管理中扮演的角色以及建立更具效率的组织等。

（2）更专注于其他职责——不再只是通晓人资事务。专业人资还将在财务、信息科技、制造、供应链以及更多方面发挥重要作用。

（3）减少行使行政职能——将从专注于薪资或福利等行政事务，转为更加关注策略性事务、沟通、咨询。

（4）将享受全球性创新——北美与西欧的思维方式将不再主导一切。人资创新将从新兴市场与其他地区涌现。在不远的将来，新点子将会源源不断出现。

（5）将更依赖科技——专业人资将更擅长运用科技来创造价值。

（6）人资的组成也会改变——男性不再主导一切，将有更多女性担任人资主管并有更多年轻人加入。针对人资如何为公司作贡献，他们将带来不同视野。

（7）公司对人资的绩效期待将会持续增大——人资也会得到更高的报酬。当人资证明自己能够带来价值的时候，人资主管将获得更高的报酬。

（8）人资的角色与架构将持续演变——人资将持续去阶层化。担任管理角色的人资将减少，将出现更多实干型的人资经理人搭配少数员工的组合，业务大量进行外包。人资职能将出现新的混合形态。

总的来说，人资将不再只专注行政与员工关系，而将更加致力于打造企业成功的真正驱动力——能力、公司文化、领导力、人才与变革管理。

关键思维

人资职能的每一方面——招募员工、发薪、训练、员工学习、绩效管理、知识渠道甚至领导力的培养，现在都能利用信息科技来执行。在所有要素中，通过科技与员工建立联系对企业成功的影响最大。同时，这也是过去专业人资表现最糟的部分，当然也是他们能在未来拥有最大影响力的地方。人资的潜在竞争优势就在这里。很少被做好但一旦做好却可以大大促进企业成功的项目，显然就是人资要投注精力的地方。

——M. S. 克里斯南、约瑟夫·韩德曼、
韦恩·布鲁克班克